Dreizehn Leben

Anna Badora

Gefördert von der Stadt Wien Kultur

Stadt
Wien

Wir möchten uns beim Atrium Verlag, beim Fischer Verlag und beim Piper Verlag für die Abdruckgenehmigung folgender Textauszüge bedanken:
Erich Kästner „Fantasie von übermorgen“, in: Erich Kästner: Lärm im Spiegel. Gedichte, © Atrium Verlag, Zürich 1929 und Thomas Kästner
Hilde Domin „Nicht müde werden“, in Hilde Domin: Sämtliche Gedichte, Hrsg: Nikola Herweg / Melanie Reinhold, © S. Fischer Verlag, Frankfurt 2015
Albert Einstein „Der gesunde Menschenverstand […]“, in: Einstein sagt. Zitate, Einfälle, Gedanken Hrsg: Alice Calaprice, © Piper Verlag, München / Berlin 2007
Albert Einstein „Das Wichtigste ist, […]“, in: Einstein sagt. Zitate, Einfälle, Gedanken Hrsg: Alice Calaprice, © Piper Verlag, München / Berlin 2007

MIX
Aus verantwortungsvollen Quellen
FSC
www.fsc.org
FSC® C014138

ISBN 978-3-8000-7791-5

Lektorat: Caroline Metzger
Coverbild: Adobe Stock
Fotos: (c) Thomas Finkenstädt
Covergestaltung & Grafik: Saskia Beck, s-stern.com
Druck und Bindung: Finidr Ltd., Český Těšín

www.ueberreuter.at

ANNA BADORA

DREIZEHN LEBEN

FRAUENPORTRÄTS
INSPIRIEREND UND WEGWEISEND

ueberreuter

INHALT

Zum Geleit

Neue weibliche Vorbilder brauchen neue Bücher! Als Quellen der Erkenntnis und Inspiration, als Blaupausen, als Mutmacher für Mädchen und Frauen, die wagen wollen, das Besondere, das in ihnen steckt, zu verwirklichen. Gegen viele Risiken, Widerstände, Rückschläge, Gefahren, aber mit der Chance, ihre Utopien umsetzen zu können, für die konkrete Verbesserung der Lebenswelten anderer.
Die in Österreich lebenden besonderen Frauen, die Anna Badora in diesem wunderbaren Buch zu Wort kommen lässt, haben keine Vorbilder, keine geprüften Strukturen, auf die sie in ihrem Arbeitsalltag zurückgreifen könnten. Keine weibliche Person hat vor ihnen schon das berufliche Terrain betreten, auf dem sie sich bewegen; sie sind die Ersten. Dadurch verfügen sie über eine gewisse „Unschuld" in ihren Fragestellungen und Vorgehensweisen. Das führt oft zu überraschenden Erkenntnissen, neuen Wegen und erschließt ungewöhnliche Blickwinkel, die positive Ergebnisse zeitigen. Da sie außerhalb vieler Routinen und etablierter Standards agieren, müssen sie sie lernen. Oder hinterfragen. Oder eigene dagegen etablieren. Oder alles gleichzeitig.
Frauen gehen oft eine lange Strecke, um ihre Ideen und Pläne zu verwirklichen. Dabei werden ihnen in vielen Fällen strukturelle „Steine" in den Weg gelegt: die gläserne Decke, der Gender-Pay-Gap, unzureichende Kinderbetreuungsplätze – um nur einige Beispiele für Hürden zu nennen, die Frauenkarrieren blockieren und behindern. Hier ist vor allem die Politik gefordert, gegenzusteuern. Trotz allem finden Frauen ihre eigenen Wege zum Erfolg. Und auf einige davon nimmt uns dieses Buch mit. Es ist wirklich eine große Bereicherung und ein Privileg, die Protagonistinnen zu begleiten.
Ich wünsche den Leserinnen und Lesern dieses beeindruckenden, gehaltvollen Textes vielfältige Erkenntnisse, Inspiration – und eine gute „Reise".

Doris Schmidauer
Beraterin und Motivatorin

BRIGITTE BIERLEIN

Und Thronen, daß gescheh', was rechtens ist,
Und jedem auf der Welt das Seine werde;
Denn da, wo die Gerechtigkeit regiert,
Da freut sich jeder sicher seines Erbs,
Und über jedem Hause, jedem Thron,
Schwebt der Vertrag wie eine Cherubswache.

Friedrich von Schiller – Demetrius

Ein heißer Sommertag 2021. Über den Dächern von Wien, auf einer luftigen Terrasse im Museumsquartier, halten sich bei kühlen Getränken viele junge Leute auf. An einem Tisch, der über der Hofburg zu schweben scheint, sprechen zwei junge Frauen ihre Nachbarin an; sie finden deren Kleid mit der goldenen Brosche ausgesprochen elegant. Sie kommen ins Gespräch, scherzen, lachen, machen gemeinsame Selfies. Plötzlich schaut eine der Frauen noch mal auf ihr Foto: „Sie sehen aus wie ... Sie sind doch ..." Sie erkennt die ehemalige Bundeskanzlerin und wird verlegen. Die Altkanzlerin sieht aber keinen Grund, das nette Gespräch abzubrechen. Sie lässt sich erzählen, dass die beiden jungen Frauen Jusstudentinnen sind, die eine mit marokkanischen, die andere mit philippinischen Wurzeln, erfährt über ihre Probleme als Frauen mit Migrationshintergrund in Österreich, gibt ihnen Tipps für ihr Studium.

Solche Begegnungen machen Brigitte Bierlein Freude. Sie findet es erfrischend, junge Leute um sich zu haben. Vor allem junge Frauen, die oft noch nach weiblichen Vorbildern suchen, um ihre eigenen Möglichkeiten und Grenzen einzuschätzen. Sie spricht gerne mit ihnen, teilt ihre Erfahrungen und Erkenntnisse, gibt Ratschläge. Mädchen und Frauen auf ihren Wegen zu unterstützen und zu ermutigen, versteht die ehemalige Kanzlerin als eine ihrer Aufgaben. Sie denkt daran, wie dankbar sie selbst für solche Hilfen in ihrer Jugend gewesen wäre. Aber die Zeiten waren damals andere, die geschlechtliche Rollenaufteilung viel strenger festgelegt. Ihre ersten Schritte und ihr späteres konsequentes Fortschreiten auf der juristischen Karriereleiter wirken daher rückwirkend fast wie anmaßende, kühne Expeditionen ins Unbekannte, mit nicht voraussagbarem Ergebnis für die Pionierin. Auch wenn sie selbst ihren Aufstieg längst nicht so linear und schon gar nicht vorausgeplant sieht. Sie strebt anfangs in keiner Weise nach einer großen Karriere und hat auch nicht den Wunsch, jemand Bedeutender, Berühmter oder gar Mächtiger zu werden. Sie will nur unabhängig und frei sein, will ihr Leben selbst bestimmen können. Auf dem Weg dahin will sie vor allem eigene Erwartungen erfüllen, nach Möglichkeit sogar hervorragend sein. Sie will nicht nur die Erste, sie muss auch die Beste sein. „Es gibt viel mehr talentierte Menschen, als Posten zu vergeben sind", weiß sie und betont die große Rolle der Fortune, des Glücks, als die richtige Person zur richtigen Zeit am richtigen Ort zu sein. Und die Notwendigkeit, die Chancen, die das Leben immer wieder bietet, zu ergreifen, beherzt zuzupacken, auch wenn es unbequem oder im Moment unpassend erscheint. Als würde sie dem griechischen Gott Kairos vertrauen, den man der Legende nach nur im Vorbeigehen an seiner Stirnlocke festhalten kann. Wenn er sich umdreht, ist die Chance vertan: Sein kahler Hinterkopf lässt sich nicht mehr fassen. Das Versäumnis kann man nie wieder wettmachen, so die Sage.

Vielleicht hat sie von Kairos an ihrem humanistischen Gymnasium gehört, das sie, 1949 in Wien geboren, am Rochusmarkt im 3. Wiener Gemeindebezirk besucht. Ihre Eltern, Vater Beamter, Mutter Hausfrau, haben diese Schule für ihr einziges Kind ausgesucht, weil sie nah an ihrem Wohnort liegt. Brigitte wird eher streng erzogen, der kurze Schulweg ist gut für die elterliche Kontrolle über ihre Freizeit. Sie bringt hervorragende Zeugnisse nach Hause, auch in Latein und Griechisch, nur in Betragen bekommt sie oft, zum Entsetzen ihrer Mutter, einen Zweier.

Mit 15 darf sie eine Tanzschule besuchen. Sie ist eine begeisterte Tänzerin, auch während des Studiums, in späteren Funktionen wird sie oft Bälle in Wien eröffnen. Ihre Leidenschaft gilt aber der Kunst. Die Mutter nimmt sie zu Vernissagen, in Galerien und Kunstausstellungen mit. Besonders stark beeindruckt sie eine Van-Gogh-Ausstellung im Schloss Belvedere, die sie als Neunjährige besucht. Sie steht lange vor den Bildern voller fantastischer Landschaften, skurriler Menschen, Sternennächte, farbenprächtiger Blumen.

Die Mutter kann hervorragend zeichnen. Sie ist ausgebildete Grafikerin, hat eine Kunstgewerbeschule absolviert. Aber wie es damals üblich war, gab sie nach ihrer Hochzeit jegliche beruflichen Ambitionen auf. Für die kleine Brigitte ist es ganz normal, dass Mama zu Hause ist. In ihrer Schulklasse werden Kinder von berufstätigen Müttern bedauert. Man staunt, wie diese „Armen" das aushalten, ohne eine Mutter, die kocht und auch sonst alles macht. Relativ früh weiß sie aber schon, dass sie es anders versuchen will.

Nach der Matura will sie studieren. Was, das überlassen die Eltern komplett ihr. Zuerst denkt sie an Architektur, sie hat schon im Gymnasium als Freifach darstellende Geometrie belegt. Dann merkt sie, dass es ihr dafür an dreidimensionaler Vorstellungskraft und wohl auch an Fantasie fehlt. Sie geht mit ihren Zeichnungen zu einem Informationsgespräch an der Hochschule für angewandte Kunst, spricht mit anderen BewerberInnen, schaut sich deren Mappen an. Und stellt fest, dass diese viel besser sind als ihre eigene, dass sie nicht mithalten kann. Noch einen Versuch unternimmt sie an der Filmakademie, wo sie ein Drehbuch vorbereiten soll. Danach ist für sie klar: Sie ist eben keine Künstlerin. Sie inskribiert Jus. Es ist eine Entscheidung „aus pragmatischen Gründen, nicht aus einer Leidenschaft heraus, eine Entscheidung der Vernunft". Zumindest am Anfang. Für Kirchenrecht und das Römische Recht kann sie sich in ihrem ersten Jahr nicht besonders erwärmen. Dann kommen aber die, wie sie es nennt, „lebenden Fächer" dazu: Straf-, Zivil- und öffentliches Recht. Die findet sie ausgesprochen spannend. Ihre Prüfungen besteht sie bravourös. Zur Uni geht sie zwar nicht regelmäßig, die mitunter überfüllten Vorlesungssäle behindern ihre Konzentration, aber in privat organisierten Rechtskursen lernt sie intensiv und schnell. Sie will ihr Studium in Mindestzeit schaffen, will so schnell wie möglich auf eigenen Beinen stehen und ihre finanzielle Abhängigkeit vom Elternhaus beenden.

Daher taucht sie nie wirklich ins sogenannte Studentenleben ein. Die wilden 1968er bekommt sie vor allem durch die damals höchst provokanten aktionistischen Kunstperformances mit, die an der Uni und im öffentlichen Raum stattfinden. Besonders in Erinnerung geblieben ist ihr die radikale Aktion *Kunst und Revolution*, von Boulevardmedien als „Uni-Ferkelei" bezeichnet, bei der die Künstler Günter Brus, Otto Mühl, Peter Weibel, Oswald Wiener und Malte Olschewski vor teils schockierten ZuschauerInnen im Hörsaal unter anderem nackt ihre Notdurft verrichteten. Oder die Performance der bekannten feministischen Medienkünstlerin Valie Export, die vor ihrem Oberkörper einen offenen Kasten trug und Passanten aufforderte, ihre Brüste anzufassen. Brigitte Bierlein findet, solche Aktionen bringen „frischen Wind", auch wenn sie eindeutig nicht zu ihrer Welt gehören. Sie interessiert sich aber bis heute für Kunst und versucht, auf dem Laufenden zu bleiben. Ihr knappes Taschengeld gibt sie für Lithografien der Fantastischen Realisten aus, wie Wolfgang Hutter, Ernst Fuchs und Anton Lehmden. Sie hängt die Werke in ihrer Studentenwohnung auf.
1971, nach nur vier Jahren, ist sie mit dem Jusstudium fertig und absolviert anschließend an verschiedenen Gerichten in Wien und Niederösterreich das Gerichtsjahr. Während dieser Zeit wächst ihr Interesse an Strafrecht, denn „man ist hier mit dem Leben konfrontiert, kein Fall ist wie der andere", sagt sie. Sie entscheidet sich, Richterin zu werden, Strafrichterin. Dafür braucht sie eine Richteramtsprüfung, die sie aber frühestens nach drei bis vier Jahren Fachausbildung ablegen kann. Und um diese Fachausbildung als sogenannte Richteramtsanwärterin überhaupt beginnen zu können, muss sie eine Übernahmeprüfung bestehen.

Die schafft sie auf Anhieb. 1975 legt sie auch ihre Richteramtsprüfung ab und ist mit 25 Jahren Richterin. Jetzt macht sie ihre ersten Schritte an Wiener Bezirksgerichten. Sie beschäftigt sich mit Ladendiebstählen, leichten Körperverletzungen, Verfälschungen von Lebensmitteln. Sie ist froh, dass sie am Anfang ihrer Karriere nicht über schwerwiegendere Fälle entscheiden muss. Denn dass es mit der Wahrheitsfindung gar nicht immer so einfach ist, erlebt sie schon bei einer ihrer ersten Verhandlungen am Bezirksgericht. Da steht vor ihr eine ältere, aufgeregte Dame als Beschuldigte. Ihr wird vorgeworfen, in einem Geschäft eine Zahnpastatube gestohlen zu haben. Die Frau krümmt sich vor Scham, versichert ihre Unschuld. Zerstreut, wie sie sei, habe sie ihre Tasche mit dem Einkaufskorb verwechselt, sagt sie, aber an der Kasse habe sie es ohnehin bemerkt. Die junge Richterin ist sich nicht ganz sicher. Sie spürt, wie gedemütigt und aufgebracht die alte Dame ist. Sie spricht sie frei. Beim Hinausgehen bedankt sich die Betroffene überschwänglich und versichert, dass sie es „ganz gewiss nicht wieder tun“ werde. Im Ergebnis ein Fehlurteil, aber ein Freispruch im Zweifel.

Nach zwei Jahren an Bezirksgerichten erhält Brigitte Bierlein das Angebot, als Staatsanwältin ans Wiener „Graue Haus“ zu wechseln, das Landesgericht für Strafsachen. Es ist damals eine Auszeichnung, eine Anerkennung ihrer bisherigen Arbeit. Der Job ist anspruchsvoll. Als Staatsanwältin muss sie einen breiten juristischen Überblick mitbringen und in der Lage sein, schnell und effizient unzählige Akten aufzuarbeiten. Ihre Aufgabe ist es, zu entscheiden, ob und wie ein Fall weiterverfolgt oder eingestellt werden soll. Etwa zwei Drittel aller Anzeigen werden gewöhnlich mittels Einstellung beendet, kommen also nicht vor Gericht. Sie wird bei dieser Aufgabe mit der gesamten Bandbreite an Straftaten konfrontiert, bis hin zu Kindesmissbrauch und Mord. Sie muss lernen, diese oft sehr belastenden Ereignisse nicht zu nah an sich heranzulassen.

Beim Schwurgericht landen besonders schwere Straftaten. Über die Schuldfrage entscheiden acht Geschworene. Bei Gleichstand wird zu-

gunsten des Angeklagten entschieden. Die Geschworenen sind juristische Laien, unbefangene BürgerInnen. Die RichterInnen müssen ihnen die Zusammenhänge und die Relevanz ihrer Entscheidungen für die Schuldfrage erklären.
Die junge Staatsanwältin staunt, welche Selbstdarstellungstechniken die Angeklagten mitunter anwenden, welche beeindruckenden Bilder der eigenen Persönlichkeit sie den Geschworenen vorspielen, um deren Gunst oder Mitleid zu gewinnen. Ein diesbezüglicher Fall ist ihr besonders gut im Gedächtnis geblieben: Ein des Mordes angeklagter, gut aussehender und adrett gekleideter junger Mann hinterlässt mit seinem Auftreten einen positiven Eindruck bei den Geschworenen. Besonders bei einer von ihnen, einer Hausfrau. Sie sagt den Tränen nah: „Mein Gott, so ein junger Bub, er könnte ja mein Sohn sein." Bierlein ist aber als Staatsanwältin von seiner Schuld überzeugt; die Beweise sind eindeutig. Also hebt sie die Tatwaffe hoch, ein Messer, mit noch deutlich sichtbaren getrockneten Blutspuren. Dieser Anblick überzeugt im Zusammenhang mit der übrigen Beweislage die Geschworenen mehr als alle verbalen Argumente. Der Angeklagte wird schuldig gesprochen.

Einige Jahre später, Brigitte Bierlein will gerade in den Skiurlaub starten, kommt ein Anruf. Der Leiter der Oberstaatsanwaltschaft Wien fragt, ob sie ab sofort die Vertretung einer erkrankten Kollegin bei ihm übernehmen könne. Sie ahnt, dass sie diese „schicksalhafte Chance", wie sie es nennt, nie wieder erhält. Sie entscheidet sich, Kairos an seiner goldenen Locke zu packen, und sagt zu. Und sie ist heute überzeugt: Ohne diesen Anruf wäre ihr späteres Leben ganz anders verlaufen.

In der Oberstaatsanwaltschaft hat sie zunächst ausschließlich männliche Kollegen. Sie will beweisen, dass sie als Frau imstande ist, „die Leistungen der Herren mindestens zu halten, wenn nicht sogar zu übertreffen". Ihr ist bewusst, dass sie die Fallen vermeiden muss, die sich Frauen häufig selbst stellen: mit übersteigertem Mehrleistungs-

anspruch und Zweifeln. Sie bringt sich voll in die Arbeit ein, mit viel Energie und Enthusiasmus. Ihr immer größerer Überblick und wachsende Kompetenzen helfen ihr dabei.
Nach Ende ihrer Vertretung in der Oberstaatsanwaltschaft unternimmt sie einen einjährigen Abstecher in die Strafrechtssektion des Bundesministeriums für Justiz. Sie findet diese Arbeit zwar spannend, aber für ihre Interessen zu weit von der Praxis entfernt. Sie kehrt danach zur Oberstaatsanwaltschaft zurück, als Oberstaatsanwältin, und bleibt dort vier Jahre.

1990 wird ihr empfohlen, sich bei der Generalprokuratur beim Obersten Gerichtshof zu bewerben, der höchsten Staatsanwaltschaft der Republik. Sie besteht aus 14 Generalanwälten, bis dahin ausschließlich Männer. Auch unter den anderen, wesentlich älteren Bewerbern ist sie die einzige Frau und wird von ihnen nicht gerade ermutigend behandelt. Doch sie wird die erste Frau im Amt der Generalanwältin. Sie ist 40 Jahre alt, und unter ihren Kollegen, die sich überwiegend dem Pensionsalter nähern, ist sie bei Weitem die Jüngste. Daher erhält sie auch traditionsgemäß das kleinste Zimmer.

Die Generalprokuratur ist keine Anklagebehörde und insofern nicht an Weisungen des Justizministeriums gebunden. Sie ist Rechtshüterin und für „die Wahrung des Gesetzes" verantwortlich. Ihre AnwältInnen überwachen die Richtigkeit und Einheitlichkeit der Rechtsprechung und betreiben die Weiterentwicklung des Strafrechts. Vieles ist für Bierlein hier neu: Aufgabenbereiche, Arbeitsabläufe. Sie beschäftigt sich unter anderem mit Straffällen, bei deren Verhandlung ein Rechtsfehler begangen oder ein Gesetz verletzt oder nicht rechtskonform angewendet wurde.
Die frisch ernannte Generalanwältin hat großes Interesse, sich mit ihren Kollegen fachlich auszutauschen. Die aber „sitzen isoliert in ihren Kammerln". Es gibt keine institutionalisierten Meetings oder lockere Treffen. Sie schlägt eine gemeinsame Kaffeerunde vor, fragt in der Kanzlei, ob das organisierbar wäre. Die Antwort ist Nein,

kein Personal, alle extrem überlastet. Kurz entschlossen kocht sie selbst zwei Kannen Kaffee; ein Kollege stellt sein größeres Zimmer zur Verfügung, und das Eis ist schnell gebrochen, der fachliche und menschliche Austausch gelingt. Der Kaffeetreff wird zu einer beliebten Einrichtung und bis heute praktiziert. „Heute gibt es in der Generalprokuratur auch viele jüngere Staatsanwälte und mehr Staatsanwältinnen. Es hat sich auch dort ein Generationenwechsel vollzogen. Diese Art der Offenheit habe ich damals häufiger zu initiieren versucht", freut sie sich.

Im Oktober 2002 erhält Brigitte Bierlein wieder einen überraschenden Wink von Kairos, dem Gott des günstigen Augenblicks. Es ist ihr zwölftes Jahr in der Generalprokuratur. Sie hat sich dort einen hervorragenden Ruf erarbeitet und denkt nicht an einen weiteren Karriereschritt. Sie kommt von einem Kreta-Urlaub zurück und holt gerade am Flughafen ihren Koffer vom Band, als ihr Handy klingelt. Ein Kollege legt ihr ans Herz, sich als Vizepräsidentin des Verfassungsgerichtes zu bewerben. Es wird dort eine Frau mit Erfahrung gesucht.

Es ist Sonntag, die Bewerbungsfrist läuft am Montag aus, erfährt sie. Sie weiß nichts von einer Ausschreibung, hört gerade noch, dass diese in der *Wiener Zeitung* am Soundsovielten erschienen sei. Also fährt sie in die Generalprokuratur, sie hat einen Schlüssel, weil sie oft auch sonntags im Büro ist. Sie weiß nicht, wo die Zeitungen liegen, sucht die Räume ab und findet irgendwann tatsächlich die richtige Ausgabe der *Wiener Zeitung* mit dem Ausschreibungstext. Auf ihrer Schreibmaschine tippt sie hastig die Bewerbung auf ein DIN-A4-Blatt und bringt es Montagfrüh zur zuständigen Stelle ins Kanzleramt. Und dann passiert lange nichts. Sie denkt, die Sache habe sich erledigt. Bis sie im Ö1-Mittagsjournal ihren Namen hört; Kanzler Schüssel verkündet, Brigitte Bierlein werde von der Regierung als neue Vizepräsidentin des Verfassungsgerichtshofs vorgeschlagen. So erfährt sie von ihrer nachfolgenden Ernennung durch den Bundespräsidenten.

Es ist für sie eine Auszeichnung allerhöchsten Grades. Der Verfassungsgerichtshof ist ein Grundpfeiler des demokratischen Rechtsstaates, er überwacht die Einhaltung der Verfassung und der Grundrechte, prüft Gesetze auf ihre Verfassungskonformität und ist in grundrechtlichen Streitfällen im Verwaltungsbereich das höchste Gremium der Rechtsprechung. Er überprüft damit Politik und Parlament.

Brigitte Bierlein verfügt zu diesem Zeitpunkt über fundiertes Wissen im Strafrecht, ins Verfassungsrecht muss sie sich aber noch mehr einarbeiten. Zwar kommen alle 14 RichterInnen, inklusive des grundsätzlich stimmrechtslosen Präsidenten sowie der sechs sogenannten ErsatzrichterInnen, aus unterschiedlichen juristischen Berufen, darunter UniversitätsprofessorInnen, erfahrene BeamtInnen des Bundes und der Länder, RechtsanwältInnen aus verschiedenen gesellschaftspolitischen Umfeldern. Ihr Kompetenzgebiet, das Strafrecht, ist bisher aber kaum vertreten.

Am runden Tagungstisch wird die neue Vizepräsidentin besonders „beäugt". Vieles ist ihr hier fremd, auch die Fachsprache des Verfassungsrechts. Dort verwendete Begriffe wie Gleichheits- oder Eigentumsformeln sind ihr juristisch nicht auf Anhieb vertraut. Sie will aber ihre Detailfragen zum Verfassungsrecht nicht am Tisch präsentieren, indem sie nachfragt. Sie will die eingespielten Arbeitsabläufe nicht bremsen. Da VerfassungsrichterInnen zu einem erheblichen Teil nicht hauptberuflich beschäftigt sind, sondern parallel weiter ihren eigentlichen Beruf ausüben, wird in sogenannten Sessionen gearbeitet, viermal im Jahr, dann aber je drei Wochen am Stück und dementsprechend intensiv. Zwischen den Sessionen werden die Entscheidungsentwürfe vorbereitet.

Hunderte von Fällen müssen in diesen Zeitblöcken aufgearbeitet werden. Jede und jeder der RichterInnen hält vor den KollegInnen ein Referat mit der eigenen Einschätzung zu der vom Präsidenten zugeteilten „Materie". Danach wird ausführlich diskutiert, schließlich abgestimmt. Für einen Beschluss ist die einfache Stimmenmehrheit ausreichend, der oder die Vorsitzende stimmt nur bei Stimmengleichheit ab. Einfachere Fälle können von sechs Mitgliedern entschieden werden. Es wird eine große Anzahl an Themen bearbeitet. Fast die Hälfte bezieht sich auf Asylangelegenheiten, doch hier werden Fälle aus allen Rechtsgebieten behandelt, auch Wahlanfechtungen kommen vor den Verfassungsgerichtshof, darunter etwa die Anfechtung der Bundespräsidenten-Stichwahl 2016. Komplexe Streitfragen und gesellschaftspolitische Abwägungen, wie etwa die Covid-Verordnungen oder die Frage der Sterbehilfe, behandelt der VfGH ebenfalls.

Brigitte Bierlein wird vom Präsidenten eine Materie zugeteilt, die ein in Pension gegangener Kollege hinterlässt: Abfallwirtschaft. Sie hat darin wenig Erfahrung, übernimmt diesen Bereich aber durchaus mit Interesse und nicht nur, weil es „irgendjemand tun muss". Da ist wieder ihr bedingungsloses Pflichtgefühl. Abfallwirtschaft klingt zunächst wenig spannend, aber es geht um massive wirtschaftliche Interessen, um Finanzierungsfragen und ihre Zuordnung zum privaten oder öffentlichen Bereich. Es geht um Altlasten alter Deponien und die Genehmigung neuer. Es geht auch um Umweltfragen.
Sie arbeitet sich in diesen Bereich schnell und gründlich ein und wird auch hier zu einer Expertin. „Womit man sich näher befasst, das wird auch interessant", ist ihre Devise. Schon bald bringt sie sich in Diskussionen vermehrt ein, ihre Meinung wird zunehmend geschätzt.

Aus den Jahren ihrer Vizepräsidentschaft hebt sie besonders die Intervention des österreichischen Verfassungsgerichtshofs beim Europäischen Gerichtshof in Luxemburg hervor, die eine breit angelegte Vorratsdatenspeicherung und damit die Überwachung der Bevölkerung kritisch hinterfragte. Der Europäische Gerichtshof hob die entsprechende Richtlinie auf, die Vorratsdatenspeicherung war damit in dieser Form Geschichte.

Als wegweisende Entscheidung des VfGH sieht sie auch die Aufhebung des Ehe- und Adoptionsverbots für gleichgeschlechtliche Paare.

Sie ist stolz auf das nun mehr als 100 Jahre alte Modell der österreichischen Verfassungsgerichtsbarkeit, das „epochal" ist und Vorbildfunktion in der Welt hat. Es ist nicht nur das älteste Verfassungsgericht mit der Kompetenz, Gesetze aufzuheben. Es ist auch das beste System, daran hat sie keinen Zweifel. In keinem anderen Land der Welt hat die Unabhängigkeit der VerfassungsrichterInnen derart gute Rahmenbedingungen. Allein das Prinzip, dass es keine *dissenting opinion* gibt, das Abstimmungsverhältnis also nicht nach außen dringt, ist für die Unabhängigkeit besonders wichtig. Die internen Auseinandersetzungen und Voten werden nicht veröffentlicht. Sie vertreten danach alle gemeinsam das mehrheitlich Beschlossene. So wird der potenzielle Einfluss von Interessengruppen auf einzelne RichterInnen minimiert.

Trotz ihres enormen Engagements im Beruf, den sie stets als Berufung empfindet, hat die Vizepräsidentin des VfGH auch ein Privatleben. Schon 1975 lernt sie am damaligen Strafbezirksgericht Wien einen Richter kennen. Sie leben über viele Jahrzehnte in einer Partnerschaft, unternehmen viel gemeinsam, besuchen Kunstausstellungen, Opern, Theater, Festspiele, machen Skiurlaube und segeln in der Ägäis. Und sie haben einen großen gemeinsamen Freundeskreis. Sie braucht aber auch ihren Freiraum, ihre Freiheit, ihre Unabhängigkeit. So bleiben sie unverheiratet, leben in zwei getrennten Wohnungen.

Im Beruf versucht sie vor allem mit ihrer Objektivität und Überparteilichkeit zu überzeugen. Ihre fachliche Kompetenz und ihr besonnener Pragmatismus werden allerorts hoch geschätzt, auch bei ihren KollegInnen. Wie pragmatisch sie sein kann, zeigt ein Vorfall aus dem Jahr 2004: Die Richterin wird spätabends in Wien auf der Straße überfallen. Der Täter versucht, ihr die Tasche zu entreißen. Doch sie lässt nicht los, er schleift sie über den Boden, bis er schließlich aufgibt und flieht. Sie muss danach zwar im Krankenhaus ambulant behandelt werden, aber sie hat ihre Handtasche gerettet. „Ich wollte mir die Rennerei für eine neue Kreditkarte ersparen", ist ihre einzige Erklärung für diesen riskanten Widerstand.

2018 erlebt Brigitte Bierlein die, wie sie sagt, „Krönung ihrer Karriere“, die sie sich vorher nie hätte träumen lassen. Sie wird zur Präsidentin des Verfassungsgerichtshofs ernannt. Aber der unberechenbare Kairos hat für sie noch eine weitaus größere Chance parat.

Es ist Ende Mai 2019. Der Bundesregierung wird aufgrund der Ibiza-Affäre das Misstrauen im Parlament ausgesprochen und sie wird von Bundepräsident Alexander van der Bellen entlassen. Da erfährt Brigitte Bierlein von ihrer Sekretärin, dass die Kanzlei des Bundespräsidenten ihre Handynummer erfragt hat. Bevor sie sich wundern kann, erhält sie schon einen Anruf und wird zu einem Vieraugengespräch in die Hofburg eingeladen.

Es ist der Tag, an dem für Niki Lauda, die verstorbene Formel-1-Legende, ein feierliches Requiem im Stephansdom stattfindet. Es ist nebelig und verregnet. Auf dem Weg in die Hofburg überlegt sie, ob sie vielleicht für die Übergangsregierung als Justizministerin vorgesehen ist. Der Bundespräsident konfrontiert sie aber sofort mit der Frage, ob sie dieser Regierung als Kanzlerin vorstehen möchte. Sie ist völlig perplex, fühlt sich nicht kompetent genug und will aus einem ersten Impuls heraus ablehnen. Typisch Frau, meint sinngemäß der Bundespräsident, sie möge es sich zumindest überlegen. Und das tut sie. Als Präsidentin des Verfassungsgerichtshofs prüft sie zuerst die Möglichkeit ihrer raschen Nachfolge. Der von ihr sehr geschätzte Vizepräsident erklärt sich umgehend bereit, die Vertretung zu übernehmen und sie uneingeschränkt zu unterstützen. Dann trifft sie die, wie sie sagt, „mutigste Entscheidung“ ihres beruflichen Lebens. Dem „entscheidenden Impuls“ folgend, „unserem Land in dieser schwierigen Situation dienen zu wollen“, wagt sie den „Sprung ins kalte Wasser“ und sagt dem Bundespräsidenten zu.

Greta Thunberg ist gerade in Wien; es wird eine Klimademonstration vorbereitet. Die künftige Kanzlerin arbeitet währenddessen in der Hofburg durch. Gemeinsam mit dem Bundespräsidenten stellt sie die Übergangsregierung zusammen. Eine möglichst schmale, ohne StaatssekretärInnen, budgetschonend: nur zwölf MinisterInnen. Ihr ist wichtig, dass die Hälfte davon Frauen sind. Da sie keine Parteitaktikerin ist, sie ist zeitlebens parteilos, soll ihre Regierung klug austariert alle demokratischen politischen Kräfte des Landes integrieren. Sie führt ausführliche Gespräche mit möglichen KandidatInnen. Sie will das Risiko eines möglichen späteren Vetos des Parlaments gegenüber den MinisterInnen minimieren.

Damit setzt sie gleich zu Beginn Zeichen für ihren Führungsstil als Kanzlerin: Es geht um Dialog und Ausgleich. Die Übergangsregierung pflegt Austausch mit EntscheidungsträgerInnen aus Politik, Wirtschaft und Wissenschaft, mit NGOs, mit der Kulturszene, Bildungseinrichtungen und Interessenvertretungen. Dieser Führungsstil wirkt sich vor allem positiv auf die interne Arbeit der Ministerien aus: Er verursacht, wie ein Insider sagt, „großes Aufatmen in der Beamtenschaft", die sich fachlich respektiert und geschätzt fühlt. Die Kanzlerin habe mit ihrem Vertrauen in die MitarbeiterInnen dem Apparat neues Selbstbewusstsein gegeben, heißt es. Und sie hat damit auch, fast unterhalb der öffentlichen Wahrnehmungsgrenze, starke Impulse im frauenpolitischen Bereich gesetzt.
Ein Beweis für ihr Kommunikations- und Verhandlungstalent ist die Bestellung des neuen EU-Kommissars, die in ihre Amtszeit fällt. Das EU-Mandat des österreichischen Politikers Johannes Hahn läuft aus, an eine rasche Nachbesetzung glaubt niemand. Die Kanzlerin führt eine Reihe von Sondierungsgesprächen, um eine entsprechende mehrheitsfähige Person zu identifizieren. Sie sondiert in Brüssel und spricht mit der designierten Kommissionspräsidentin Ursula von der Leyen. Dann schlägt sie dem Hauptausschuss des österreichischen Nationalrats den amtierenden Kommissar Johannes Hahn für eine weitere Funktionsperiode vor – und dieser wird einstimmig bestätigt. Es ist das erste Mal, dass eine solche Entscheidung einstimmig getroffen wird.
Die oberste Priorität für Brigitte Bierlein als Kanzlerin ist, „das Land nach den Turbulenzen wieder in ruhiges Fahrwasser zu bringen und das Vertrauen der Menschen in die Politik und den demokratischen Rechtsstaat zu stärken". Sie will mit ihrem Kabinett aus fachlich herausragenden ExpertInnen das Land bestmöglich verwalten, ohne der nächsten gewählten Bundesregierung in ihren politischen Entschei-

dungen vorzugreifen. Trotzdem liefert sie, nach Meinung vieler ihrer Ex-MitarbeiterInnen und neutraler BeobachterInnen von außerhalb, wertvolle Impulse und Erkenntnisse für eine mögliche, auch künftige, Modifizierung der Regierungsstrukturen.

Ihren 70. Geburtstag erlebt sie im Kanzleramt. Sie bekommt von ihren MitarbeiterInnen ein ganz besonderes Geschenk: Ferdinand von Schirach, der bekannte deutsche Schriftsteller und anerkannte Jurist, den sie besonders schätzt, besucht sie im Kanzleramt in Wien. Die Kanzlerin verbringt mit ihm einige spannende Stunden. Am 7. Januar 2020 endet ihre Übergangsregierung nach 218 Tagen, kurz bevor die Coronapandemie über die Welt hereinbricht.

Was liegt Brigitte Bierlein besonders am Herzen, wenn sie an die Zukunft denkt? Als glühende Europäerin sieht sie die weitere Unterstützung der Ziele der EU, „dieser einzigartigen Förderin des Friedens, der europäischen Werte und der Freiheit, Sicherheit und Rechtsstaatlichkeit ohne Binnengrenzen", als dringend notwendig an. Wichtig ist ihr weiterhin die Förderung von Frauen und der Gleichberechtigung, wie etwa durch die Schaffung der entsprechenden Strukturen für Kinderbetreuung.

Politisch heikel, aber für die ehemalige Kanzlerin wichtig, ist die weitere Beschäftigung mit dem Entwurf des österreichischen Konvents von 2003/2005 für eine Staatsreform, einer Weiterentwicklung der Verfassung. Einige Punkte davon sind zwar umgesetzt worden, aber die Diskussion über viele wichtige Themen, wie die des 100 Jahre alten Föderalismuskonstruktes, wurde vernachlässigt. „Gerade die Beschäftigung mit diesem Thema wäre aber für Österreich notwendig", findet sie.

Im März 2021 stirbt ihr Lebensgefährte. Nach 45 gemeinsamen Jahren fühlt sie sich wie „nach einer Amputation".
Und jetzt? Sie engagiert sich in Kommissionen, an Universitäten, in karitativen Einrichtungen und im Kulturbereich. Als es die Corona-

pandemie wieder einigermaßen zulässt, besucht sie Vernissagen, Museen, Opern- und Theateraufführungen, trifft Freunde. Die Altkanzlerin mag zwar Abstecher „in die Natur“, ist aber ein bekennender Stadtmensch, liebt die Wiener Architektur und Spaziergänge durch die Stadt. Und wer weiß, ob die goldene Locke von Kairos nicht noch einmal vor ihr aufblitzt.

ALMA DEUTSCHER

Du holde Kunst, in wieviel grauen Stunden,
Wo mich des Lebens wilder Kreis umstrickt,
Hast du mein Herz zu warmer Lieb entzunden,
Hast mich in eine beßre Welt entrückt!

Oft hat ein Seufzer, deiner Harf' entflossen,
Ein süßer, heiliger Akkord von dir
Den Himmel beßrer Zeiten mir erschlossen,
Du holde Kunst, ich danke dir dafür!

Franz Schubert – An die Musik

In einem großen Unternehmen wird eine Stelle ausgeschrieben: Es wird der Traumfeger – *Sweeper of Dreams* – gesucht. Der bisherige *Sweeper* flog raus, weil er während der Dienstzeit zusammengebrochen war. Er hatte sich, komplett überfordert, dem Alkohol hingegeben. Sein Job: die ständigen Albträume der Menschen wegzufegen.
Für die Neubesetzung der Stelle sind drei in feinen Zwirn gewandete Manager mittleren Alters zuständig. Sie sind völlig schockiert, als sich statt der erwarteten zahlreichen männlichen Bewerber nur eine Person zum Vorstellungsgespräch einfindet: ein Kind, dazu noch weiblich, ein 16-jähriges Mädchen. Der Gipfel der Ignoranz, geradezu lächerlich für diese verantwortungsvolle Position. Sie verspotten das quirlige Mädchen im rosa Kleidchen, das zudem noch sämtliche gängigen Managerstandards missachtet, und schmeißen sie kurzerhand raus. Das heißt, sie wollen sie rausschmeißen, schaffen es aber nicht. Denn das selbstbewusste Mädchen bewegt sie zum Zuhören, verwickelt sie ins Gespräch. Am Ende setzt sie sich durch und wird als *Sweeper of Dreams* angestellt.
Diese Geschichte, auf Motiven von Neil Gaiman basierend und nach einem Libretto von Elisabeth Adlington geschrieben, wird

zur Basis der Mini-Oper *Sweeper of Dreams*, die 2013 in Israel uraufgeführt wird. Die Komponistin, Alma Deutscher, ist damals sieben Jahre alt. Sie erklärt vor der Premiere, dass sie sich gerne mit Geschichten über Mädchen befasst, die Widrigkeiten überwinden.

Alma Deutscher kommt 2005 im britischen Basingstoke zur Welt, als Tochter der Engländerin Janie Steen und des israelischen Sprachwissenschaftlers Guy Deutscher. Die Eltern sind außerordentlich musikalisch und spielen diverse Instrumente, die Mutter vor allem Klavier, der Vater Flöte. Alma beginnt im Alter von zwei Jahren, mit einem Finger auf die Klaviertasten zu klopfen, und lernt so deren Bedeutung. Sie singt Melodien, bevor sie sprechen lernt. Zu ihrem dritten Geburtstag schenkt ihr der Vater eine kleine Geige, eigentlich nur so zum Spaß. Sie ist von dem Instrument völlig fasziniert, versucht, es richtig zu halten, saubere Töne zu erzeugen. Als sie nach einigen Monaten noch immer nicht genug hat von ihrer Geige, verpflichten ihre Eltern eine Lehrerin.
Mit vier Jahren entwirft Alma ihr erstes Musikstück. Sie spielt jetzt oft spontan drauflos. Ihr Kopf ist voll mit Melodien, die nach draußen drängen. „Viele dieser Melodien stammen nicht von mir, ich habe sie meinen FreundInnen gestohlen", erklärt sie ernst. Ihre FreundInnen, das sind talentierte JungkomponistInnen aus Transsilvanien. Dieses Land hat sie selbst erfunden – ohne zu wissen, dass es wirklich existiert –, wie auch die Kinder, die darin leben. Aber sie sind für sie Realität. Sie trifft sie oft, musiziert mit ihnen, lässt sich von ihnen inspirieren. Zuerst von ihren gleichaltrigen Freundinnen Shell, Ashy und Flara, später auch von Antonin Yellowsink, der sie ein bisschen an den jungen Schubert erinnert.

Den Zugang zu Transsilvanien hat außer ihr nur noch ihre jüngere Schwester Helen. Im Spiel besuchen die beiden Mädchen eine transsilvanische Musikschule. Alma spielt ihrer Schwester kleine Klavierstücke vor, schenkt ihr eigene Kompositionen. Sie werden am Hof ihrer Fantasiewelt der Kaiserin vorgestellt, die das

Land von der Hauptstadt aus regiert. Ein bisschen erinnert sie das an Wien.

Sie beherrscht Noten, bevor sie buchstabieren lernt, mit vier Jahren. Ihre Geigenlehrerin ärgert sich manchmal, dass sie den klassischen Tempobezeichnungen wie allegro, andante, piano oder forte nicht folgt. Sie kommt gar nicht auf die Idee, dass ihre hochtalentierte Schülerin die geschriebenen Anweisungen noch gar nicht lesen kann. Alma will sofort die Schule besuchen, um es zu lernen. In England geht das aber erst ab fünf. Sie kann es kaum erwarten und freut sich riesig darauf. Doch der herbeigesehnte *school welcoming day* wird für sie zu einer bitteren Enttäuschung. Auf die Nachfrage ihrer Mutter bricht sie in Tränen aus. Sie habe nichts, aber auch gar nichts gelernt, sagt sie, weil man so auch gar nichts lernen könne: Die Räume sind eng, es ist laut, man darf nicht einfach so nach draußen, es gibt viele Regeln. Sie ist derart verzweifelt, dass ihre Eltern für sie erst einmal Heimunterricht organisieren. Und der funktioniert hervorragend: Alma liest sehr viel, kann sich allein gut konzentrieren. Sie wird auch später keinen Schulunterricht mehr besuchen, sondern ausschließlich zu Hause lernen. Bis sie dann mit 16 Jahren in die Dirigierklasse der angesehenen Wiener Universität für Musik und darstellende Kunst aufgenommen wird.

Ihre musikalische Ausbildung folgt einem besonderen Konzept. Der Schwerpunkt liegt auf Improvisation und Komposition, geht von ihren eigenen, spontan gespielten Melodien aus, die von ihren Eltern auf Band aufgenommen werden, weil Alma ihre Schöpfungen anfangs gar nicht wiederholen kann. Diese Art der Ausbildung basiert auf kreativen Methoden des Musikunterrichts für Kinder aus dem Italien des 18. Jahrhunderts. Der bekannte amerikanische Musiktheoretiker Robert Gjerdingen hat sie für die Gegenwart neu entdeckt. Er schickt Alma regelmäßig entsprechende Übungen zu und kommentiert technische Aspekte ihrer Kompositionen. Ein Improvisationslehrer kommt noch hinzu, der Schweizer Musiker Tobias Cramm, der sie per Skype unterrichtet. Klavier- und

Violinenunterricht nimmt sie bei DozentInnen der Yehudi Menuhin School im südenglischen Surrey.

Mit sechs komponiert Alma ihre erste Klaviersonate, mit sieben auf die Bitte eines Familienfreundes hin dann ein Rondino für Geige, Bratsche und Klavier sowie die Mini-Oper *Der Traumfeger*. Opern wollte sie schon immer schreiben, seit sie mit drei bei den Salzburger Festspielen zum ersten Mal völlig begeistert die *Zauberflöte* gesehen hat. Dann folgen zahlreiche weitere Kompositionen, meistens für Violine und Klavier, aber auch für Singstimmen. Mit neun schreibt sie ihr erstes Violinkonzert für Symphonieorchester.
Jetzt beginnt sie, mit großen, international renommierten Musikensembles zusammenzuarbeiten, dem Israel Philharmonic Orchestra und dem Jerusalem Symphony Orchestra, der spanischen Oviedo Filarmonía, dem Welsh National Opera Orchestra, dem Londoner Royal Philharmonic Orchestra und dem Wiener Kammerorchester.

Ihr erstes Klavierkonzert vollendet sie im Alter von zwölf Jahren. Es wird im Rahmen der Eröffnung des Carinthischen Sommers 2017 in Villach in Österreich uraufgeführt, danach vom Luzerner Sinfonieorchester und dem Wiener Orchester gespielt. Im selben Jahr gibt sie Konzertpremieren auf dem renommierten Aix-en-Provence-Festival und dem Lucerne Festival sowie in der Koerner Hall in Toronto, Kanada.

Meistens tritt Alma bei ihren Konzerten selbst als Solistin auf, mit der Geige, aber auch am Klavier. Auf YouTube sind Videomitschnitte von einigen dieser Auftritte verfügbar. Ihr Vater hat sie angefertigt, ursprünglich nur für die Familie. Seit aber der britische Komiker Stephen Fry die Clips entdeckte, werden sie von Millionen Menschen in der ganzen Welt angeschaut.
Es sind erstaunliche, fast surreale Szenen: Auf der Bühne steht ein achtjähriges Mädchen im roten Kleid auf einem Hocker, damit es auf Augenhöhe mit seinem Bratschisten-Partner ist. Und

legt dann mit einem gewaltigen Ausdruck mit dem selbst komponierten Rondino-Trio los. In einem anderen Video sieht man die zehnjährige Alma, diesmal schon ohne Hocker, aber immer noch ziemlich klein, wie sie mit ihrer Geige vor dem 50 Musiker starken Israel Philharmonic Orchestra steht. Es spielt ihr Werk, ihr Violinkonzert, sie übernimmt den Part der Sologeige. Man spürt sogar auf Video die enorme Energie, die von dem Konzertsaal Besitz ergreift, die tiefe Konzentration der MusikerInnen, die versuchen, Almas Vorstellungen und Angaben zu erfüllen, und Almas leidenschaftliche Achtsamkeit, mit der sie selbst spielt und das Spiel der anderen verfolgt. Wie es sich für eine Komponistin gehört, scheint sie innerlich eine Art Gesamtverantwortung für das Konzert zu übernehmen. Sie wirkt dabei völlig erwachsen, entschieden und ausdruckstark. Erst beim Applaus verwandelt sie sich wieder in ein kleines Mädchen, das in ihrem weißen Kleid glücklich lacht und auf und ab hüpft.

Ihre musikalischen Impulse holt sich Alma von überall her. Sie hängen eng zusammen mit Geschichten, die sie erfindet. Ein spannendes Gesicht auf der Straße, schräge Töne von vorbeifahrenden Autos – alles kann sie zum freien Fantasieren und spontanen Entwickeln von Szenen und Melodien anregen. Sie entnimmt aus Romanen Motive und Figuren und verändert sie nach ihrem Geschmack. Auch Filme, die für sie enttäuschend enden, werden uminszeniert. Hilfreich dabei sind Besuche in ihrem Transsilvanien, wo sie selbst erfundene „Gleichgesinnte" trifft und mit ihnen musiziert. Aber sie hat auch ihre „magische" Springschnur mit den langen Quasten, die glitzern und funkeln. „Ich springe aber nicht, das wäre auf die Dauer zu mühsam. Ich schwenke sie herum, und Melodien strömen mir in den Kopf", erklärt sie. Melodien kommen auch in Träumen zu ihr. Dann muss sie aufstehen und sie gleich aufschreiben, damit sie nicht verloren gehen. Manchmal dauert es richtig lange, wie bei ihren Klaviervariationen. Da sitzt sie mitten in der Nacht drei Stunden über ihrem Notizblock, und am nächsten Tag ist ihr die Müdigkeit anzusehen.

Mit zehn Jahren komponiert sie ihre erste abendfüllende Oper, *Cinderella*, zu der sie schon lange Ideen sammelt. Schon als Achtjährige denkt sie an eine Premiere zu Hause, in ihrer Wohnung, und besetzt in den Hauptrollen ihre Schwester Helen, ihre Mutter und ihre Großmutter, eine exzellente Pianistin, mit der sie als Kleinkind viel Zeit verbringt. Zwei Jahre später meldet sich das israelische Voice of Music-Festival bei ihr. Almas Oper könne beim Festival präsentiert werden, falls sie rechtzeitig fertig wird. Es bleiben dafür nur noch drei Monate, Alma steigert ihr Arbeitstempo. Die Ouvertüre wird erst wenige Tage vor der Premiere vollendet. Sie verändert fantasievoll Figuren und Handlung ihres Lieblingsmärchens, verlegt sie in ein Opernhaus, das früher von Cinderellas Vater geführt wurde und in dem jetzt die intrigante Stiefmutter als Intendantin herrscht. Alma will nicht, dass ihre Heldin „nur hübsch ist, den Mund hält und putzt". Sie will, dass sie „ihren eigenen Verstand nutzt und ihren eigenen Willen hat", dass sie klug ist. Und dazu eine Komponistin, die „wunderschöne Melodien in sich trägt". Obwohl sie von ihren beiden Stiefschwestern, untalentierten Primadonnen, gemobbt wird, setzt sie sich durch. Der Prinz, ein begnadeter Poet, sucht nach Musik für sein Gedicht. Als sein lyrischer Text mit Cinderellas Melodie zusammenkommt, erfüllt sich ihre Liebe.
Almas Kammeroper, die 2015 auf Hebräisch in Israel aufgeführt wird, initiiert eine Reihe von weiteren *Cinderella*-Fassungen, als Erstes eine Version mit Kammerorchester im Wiener Casino Baumgarten. Die Dirigentenlegende Zubin Mehta, für den Alma „eines der größten Musiktalente der Gegenwart" ist, übernimmt die Schirmherrschaft dieser Produktion. „Ich hatte etwas Zeit", sagt Alma, „also habe ich *Cinderella* für Wien erweitert, neue Szenen hinzugefügt und schöner orchestriert." Es wird eine Orchestrierung für 20 Musiker.

Sie ist sich selbst eine strenge, unnachgiebige Kritikerin. „Ich lerne ununterbrochen", erklärt sie, „ich höre mir meine Aufnahmen an und frage mich, ob die Musik genau so klingt, wie ich es mir vorgestellt habe. Wenn nicht, will ich die Ursache verstehen. Dann verändere ich sie und versuche, das nächste Mal gleich anders zu orchestrieren, auf Basis dieser Erfahrung." Um darin Übung zu bekommen, studiert sie unzählige klassische Partituren. Sie nimmt auch an Opernproben in Wien teil, begleitet Sängerinnen und Sänger selbst am Klavier, prüft, ob ihr Stimmlagen tatsächlich zur Musik passen, macht Veränderungen. Sie arbeitet hart. Ensemblemitglieder sprechen mit ihr wie mit einer erwachsenen Komponistin. Ihre Eltern sind meistens auch bei den Proben dabei, die Schwester Helen blättert ihre Noten um.

Die *Cinderella*-Premiere, auf Deutsch gesungen, löst in Wien einen Begeisterungssturm auch bei den KritikerInnen aus. So schreibt etwa *Der Standard* über „... dieses erstaunliche Mädchen, das auch diese erstaunlich gute Oper geschrieben hat, die von originellen Einfällen sprüht".

Im Dezember 2017 wandert *Cinderella* an die Opera San José in Kalifornien, wo die Oper auf Englisch uraufgeführt wird. Sie wächst hier zu einem beeindruckenden Spektakel heran, mit einem großen Orchester, Chor und TänzerInnen. Alma reorchestriert die Gesamtpartitur für 44 MusikerInnen, bereichert die vorhandene Musik durch neue Kompositionen. Und sie tritt, wie meist, selbst auf, diesmal nicht nur an der Violine und am Klavier, sondern auch an der Orgel. Die gigantische, spektakulär beleuchtete Bühne wird von einem riesigen Königspalast als Bühnenbild beherrscht. Bei dem stürmischen Applaus am Ende wirkt Alma selbst wie eine kleine Prinzessin, die gerade ihr Königreich erobert hat.
Fünf angesetzte Vorstellungen sind innerhalb weniger Stunden ausverkauft. *Opera Today* schreibt: „Es ist ein einmaliges Opernerlebnis, dessen Publikum jubelnd Standing Ovations spendete." Ein „sensationeller Ausbruch eines jungen Talents", „eine Oper von erstaunlichem Witz, Handwerk und musikalischer Schönheit", „atemberaubend". *The Daily Telegraph* staunt: „... dass ein junges Mädchen die mentale Energie aufbringt, eine zweistündige Oper zu

komponieren und zu orchestrieren, ist umwerfend. (...) Ein lebendiges, in sich geschlossenes Werk in der Tradition der komischen Oper." Sony Classical nimmt die Produktion für eine DVD auf.
Eine Fassung für Kinder wird 2018 und 2019 auf der Studiobühne der Wiener Staatsoper gespielt. *Die Wiener Zeitung* schreibt darüber: „In geballter Form veranstaltet Deutscher ein Feuerwerk ihrer besten Ohrwürmer, und die Zwölfjährige ist eine Melodikerin von hohen Gnaden. Ihre Kantilenen transportieren je nach Bedarf bodenlose Trauer oder überströmende Sehnsucht." Nur das Kürzen ihrer Oper, damit die üblichen 75 Minuten für Kinderopern nicht überschritten werden, fällt Alma schwer: „Ich musste so viel wegstreichen, das war sehr schmerzhaft."

Für das Salzburger Landestheater erstellt sie eine weitere Fassung von *Cinderella*. Durch die Coronapandemie wird die Premiere verschoben, aber Alma arbeitet bereits an einem weiteren Auftrag für das Salzburger Landestheater: eine Oper mit dem Titel *Des Kaisers neue Walzer*, mit angedachter Premiere im Jahr 2022. Diesmal lädt Alma die erprobte Librettistin Nina Schneider zur Zusammenarbeit ein.

Inzwischen ist Alma mit ihrer Familie nach Wien gezogen, das sie ein bisschen an die Hauptstadt ihres Transsilvaniens erinnert. Nur dass sie hier viele reale FreundInnen hat. In England lebte sie in einem geräumigen Haus südlich von London am Waldrand, mit einem atemberaubenden Ausblick auf die melancholisch stimmende englische Landschaft. Viele Kindheitserinnerungen verbinden sie mit diesem Ort. Er regt zum Erfinden von Geschichten an, zum Erspinnen von Melodien. Aber für ihre Musik ist Wien der bestmögliche Wohnort. „So viele berühmte Komponisten haben hier ihre Spuren hinterlassen", meint sie, „und diese Ruhe. Wie ein riesiges Dorf, alle kennen sich hier, wirklich gemütlich." Alma ist auch von den vielen Wiener Bällen fasziniert: „Ich liebe Bälle, ich will auch mal unbedingt auf den Opernball." Sie liebt das Tanzen, besucht auch eine Tanzschule. Sie ehrt diese, indem sie ihr zum 100. Geburtstag den „Elmayer-Walzer“ komponiert, mit dem die Geburtstagsparty eröffnet wird. Sie trifft sich gerne mit ihren Tanzpartnern und mit FreundInnen aus der Opernwelt.

Im Dezember 2019 erlebt sie die Krönung ihres bisherigen musikalischen Schaffens: Sie debütiert in der ausverkauften Carnegie Hall in New York City in einem Konzert mit ausschließlich eigenen Kompositionen. Ihr Violin- und Klavierkonzert, ihr Konzertwalzer „Sirenenklänge“, im Mai 2019 im Deutschen Haus in Flensburg uraufgeführt, und Auszüge aus ihrer Oper *Cinderella* kommen zur Aufführung, gespielt vom St. Luke's Orchestra und dirigiert von der Britin Dame Jane Glover. Darüber hinaus trägt der Bariton Thomas Hampson einige ihrer Lieder vor.

Alma Deutscher wird seit Jahren in der Musikwelt als „Wunderkind“ bestaunt, als „kleiner Mozart“. Dagegen wehrt sie sich. „Ich bin höchstens die kleine Alma, nicht der kleine Mozart“, pariert sie den Vergleich in vielen Interviews. „Und manchmal ist es für die Leute schwierig, mich ernst zu nehmen, weil ich nur ein kleines Mädchen bin. Ich möchte aber, dass meine Musik ernst genommen wird“, sagt sie schon als Zehnjährige in einem *Zeit*-Interview. Jetzt, mit 16, fühlt sie sich sowieso „schon viel zu alt, um ein Wunderkind zu sein“. Und sie weiß, es kommt immer nur auf das Talent an, einzig und allein das zählt; alles andere wie Alter oder Geschlecht ist unwichtig.

Am 20. Oktober 2019 bekommt Alma den Nachwuchspreis des Europäischen Kulturforums. Sie wird als Ausnahmekünstlerin gefeiert, als „Kulturbotschafterin Europas“.

Ist man als junges Mädchen mit all dem Rummel um die eigene Person nicht ein bisschen überfordert? Alma zitiert Murray Perahia, den US-amerikanischen Pianisten und Dirigenten, der sie warnte: „Alle werden dir sagen, dass du großartig bist. Du hörst ihnen zu und irgendwann denkst du selbst: Ich bin großartig. Und vergisst dabei, wie viel du noch lernen musst." Doch Alma vergisst es nicht. Dafür ist sie viel zu neugierig. Und hat zu viele Pläne für die Zukunft. Nicht alle sind realisierbar, das weiß sie. Wie der Traum von einem Kinderorchester, das durch die Welt reist. Aber eine Musikschule für begabte Kinder wird sie vielleicht wirklich einmal gründen. Früher dachte sie an das Belvedere; jetzt stellt sie sich diese Schule in einem schönen Schloss am Wolfgangsee vor, mit einer riesigen Wiese. Kinder werden dort zur Kreativität angeregt, sie werden von Lehrenden individuell behandelt und genießen viel mehr Freiheiten. Vor allem aber wünscht sie sich, die jungen Leute für die Oper zu gewinnen, sie für die klassische Musik zu öffnen, ihre Berührungsängste abzubauen: „Alle glauben, dass klassische Musikstücke von alten, dicken Männern geschrieben wurden, die seit Jahrhunderten tot sind. Wenn sie aber merken, dass ein junges Mädchen diese Musik schreibt, interessieren sie sich vielleicht eher dafür, finden sie cool und merken, wie schön diese Melodien sind."

Almas Liebe zu „schönen Melodien" hat allerdings auch heftige Diskussionen in der Fachwelt ausgelöst. Einige ihrer älteren KollegInnen erklären ihren Kompositionsstil für gestrig, weil die Musik des 21. Jahrhunderts die Komplexität und Hässlichkeit der modernen Welt widerspiegeln müsse. Alma geht in die Offensive und fragt bei einer Pressekonferenz des Carinthischen Sommers 2017: „Wenn die Welt so hässlich ist, warum soll man sie mit hässlicher Musik noch hässlicher machen?" Im *Standard*-Interview vom Juli des gleichen Jahres äußert sie den dringenden Wunsch, dass Leute ihre Musik nicht in Schubladen stecken sollen, wie das heute häufig geschieht. Und der *New York Times* erklärt sie 2019: „Ich möchte die Hässlichkeit der modernen Welt nicht widerspiegeln. Ich möchte Musik komponieren, die ich schön finde."
Das ist Almas großes Thema: „Mein Ziel war immer, dass meine Musik meinem Herzen entspringt. Natürlich suche ich meinen eigenen Stil. Aber nicht unter dem Diktat von irgendwelchen Trends, begleitet von Verboten und Erlaubnissen. Etwas zu kom-

ponieren, das ich überhaupt nicht mag, ergibt für mich keinen Sinn. Dann lieber etwas ganz anderes machen."

In Almas Musikzimmer in England hing ein Bild von „Nannerl" Mozart, der Schwester des großen Komponisten. „Sie war auch eine Komponistin, sehr sehr talentiert", erzählt Alma. „Aber sie musste zu Hause bleiben und sich um den Haushalt kümmern, weil sie ein Mädchen war. Ich dagegen muss nicht zu Hause bleiben und kochen, sondern darf komponieren. Ich bin froh, dass ich in der heutigen Zeit lebe."

BARBARA IMHOF

I take a deep breath and look through the dust on my helmet
Towards the red surface of this planet
Shiver creeps through my body
Cosily dipped into warm water

And
I take another deep breath
Oxygen is scarce

I can only
See the frozen red cold around me

Far, farther – pristine
A salmon red sky fills deep canyons,
Wraps kilometres-of-height mountains

And finally, the sun sets before the blue evening star rises

Come, come,
Come with me to the one,
The only

The lonely planet.

Lyrics: Barbara Imhof
For a music track for LOX (liquid oxygen, M.Tatzer & R. Waclavicek)

Von der Oberfläche des „roten Planeten“ ist die Weltraumarchitektin Barbara Imhof nach wie vor fasziniert. Sie spürt noch immer, wie sie da steht, mitten in der kargen Wüstenlandschaft, die in allen Rottönen leuchtet: karmin, orange, zinnoberrot bis zu violett. Wie sie mit ihren KollegInnen Waltraut Hoheneder und René Waclavicek sehr bewegt den Lastwagen beobachtet, der mit dem zusammengefalteten Habitat kommt: ein Lebensraum, ein kleines Haus für den Mars. Und wie der Kran es auf den sandigen, steinigen Boden herunterlässt. Ein unvergesslicher, großer Moment, auch wenn diese Szene nicht auf dem Mars, sondern in einem Mars-Analogtestgebiet spielt, im spanischen Rio Tinto. Seit der Bronzezeit wurde hier Erzabbau betrieben. Römer und Araber, dann Briten, später große Bergbaukonzerne, alle versuchten, Gold, Silber und Kupfer zu gewinnen. Bis in dieser ausgebeuteten, durch Schwermetalle und Schwefelsäure zerstörten Region jegliches Leben verschwand, nur der blutrote Fluss bietet den extremophilen Bakterien heute noch eine Existenzmöglichkeit. Ansonsten: lebensfeindlich, tot, extrem. Wie auf dem Mars. Deswegen erklärte die Europäische Weltraumorganisation ESA Rio Tinto zu ihrem Testgebiet, zum Mars-Analogon.

Hier testete LIQUIFER, deren Ko-Geschäftsführerin Barbara ist, mit internationalen Partnern ihr Projekt SHEE; das erste europäische Simulationshabitat für den Mars, das sich falten lässt. SHEE steht für *Self-deployabale Habitat for Extreme Environments*, auf Deutsch: selbst entfaltbare Lebenseinrichtung für extreme Umgebungen. Es wird auf Praktikabilität getestet, von einem Astronauten, den Leuten von LIQUIFER, alle im Raumanzug und mit einem kleinem Mondfahrzeug, einem Rover.
Zwei Wochen lang kann SHEE das Überleben einer zweiköpfigen Besatzung sichern. Neben Kabinen, Küche und Labor ist es mit einem Umweltkontroll- und Überwachungssystem sowie einer Aufbereitungsanlage für Abwasser ausgestattet. Die Ressourcen, die auf der Erde als etwas Selbstverständliches gelten, bekommen hier überlebenswichtige Bedeutung. Und das Habitat muss in eine Rakete passen. Das LIQUIFER-Team bringt sogar zwei davon unter. Nach dem Entfalten verdoppelt sich ihr verfügbarer Raum.

Parallel zu SHEE beschäftigte sich Barbara in Rio Tinto noch mit einem anderen Projekt mit dem Namen MOONWALK. Es untersucht die Anwendbarkeit von Werkzeugen, die AstronautInnen in Zusammenarbeit mit Robotern zur Oberflächenexploration auf Mond und Mars verwenden sollen.

Aber den Mond kann man in Rio Tinto nicht vollständig simulieren. Für weitere Mond-Tests fährt das MOONWALK-Team nach Marseille. Dort im Mittelmeer, unter Wasser, kann man dieselben Schwerkraftverhältnisse herstellen, die auf dem Mond herrschen. Mithilfe von Gewichten und Tarierwesten wird ein Sechstel der Schwerkraft erreicht, was bedeutet, dass eine Frau von 60 Kilogramm Gewicht dort nur 10 Kilo wiegt, wie auf dem Mond. Geübt wird dann, wie man mit Werkzeug umgeht, wie man etwas greift, aber auch, wie man einen Roboter, der über teils autonomes Verhalten verfügt, durch Gesten steuert.

Warum beschäftigt sich Barbara mit dem Weltraum? War das schon immer ihr Ziel, wie man es oft von erfolgreichen Menschen hört, wenn sie über ihren Werdegang sprechen? „Nein", sagt sie. Sie war nur immer schon sehr wissbegierig, neugierig und offen für alles.

Ihre Eltern kommen beide aus deutschen Kleinstädten, studieren an verschiedenen deutschen Universitäten, dann in Wien, wo sie auch bleiben. Sie selbst wird 1969 in Wien geboren, im Jahr der ersten bemannten Mondlandung. Ihre Mutter, Psychiaterin mit abgeschlossenem Medizinstudium, und ihr Vater, Limnologe, also Süßwasser-Biologe, geben ihr schon als Kind einen vielfältigen wissenschaftlichen Background mit. Sie erinnert sich gern an die gemeinsamen Wochenendausflüge in der Kindheit, mit dem Vater und dem jüngeren Bruder, die meistens ins Technische Museum oder in die Natur führen. Ihr Vater, ein vielseitig interessierter Generalist, reichert diese Ausflüge mit Hintergrundinformationen an. Deutlich fordernder ist ihr Großvater, mit dem sie oft allein in die Berge geht. Beim Wandern nennt er die lateinischen Namen aller Pflanzen, denen sie auf dem Weg begegnen. Beim Absteigen wird ihr neues Wissen dann von ihm abgeprüft. Nach der Volksschule geht Barbara in ein humanistisches Gymnasium, sie lernt Latein und Altgriechisch, Mathematik und Naturwissenschaften interessieren sie zu diesem Zeitpunkt noch kaum.

Dann passiert es, „eine Initialzündung“, wie sie es nennt. Sie ist ungefähr 14, liegt auf der Rückbank des alten Renault 4 ihrer Eltern und blickt hinaus. Die Fassaden der Häuser in einer künstlich-bunten Nachtbeleuchtung ziehen an ihr vorbei, aus einer völlig anderen, ungewohnten Perspektive. Fasziniert beschließt sie, später Räume zu entwerfen und Häuser zu bauen.

Sie belegt einen Kurs für darstellende Geometrie. Gleich nach dem Schulabschluss schreibt sie sich an der Technischen Universität Wien für Architektur ein, dann wechselt sie an die Bartlett School of Architecture in London. Die intensive Arbeit in kleinen Gruppen, der fruchtbare Austausch mit den Lehrkräften – sowohl die Struktur des Colleges wie auch das Curriculum entsprechen ihr außerordentlich. Leider muss sie nach einem Jahr zurück, Österreich ist zu diesem Zeitpunkt noch nicht in der EU und trotz der Unterstützung ihrer Eltern kann sie ihr Studium in London nicht länger bezahlen. Sie sucht in Österreich etwas Vergleichbares und findet schließlich in Wien die einzige Alternative, die eine ähnliche Ausbildung in einer ähnlichen Qualität bietet: die Klasse von Wolf Prix an der Universität für angewandte Kunst. Sie bewirbt sich, wird aufgenommen. Und sie hat hier die Möglichkeit, ein Austauschsemester in Los Angeles am Southern California Institute of Architecture zu absolvieren.

Während ihrer Studienzeit an der Angewandten beschäftigt sie sich intensiv mit der Frage, wie die Menschen in der Zukunft leben wollen und werden und in welchem Design und welchen Räumen. Sie setzt sich auseinander mit der gegenwärtigen Wohnarchitektur, die ihre BewohnerInnen in eine bestimmte Lebensstruktur zwängt. Das Elternschlafzimmer hat zum Beispiel immer Platz für ein Doppelbett mit zwei Nachtkästchen, die seitlich davon stehen müssen, weil bereits Steckdosen montiert wurden. So wird alles vordefiniert, und die

Ökonomie lässt keine Chance auf Veränderung in der Zukunft. Wenn jeder Quadratmeter durchökonomisiert wird, wenn jeder Raum, jedes Grundstück möglichst viel Geld einbringen soll, kann man sich nicht, nicht einmal in Gedanken, von den Zwängen lösen und frei entscheiden, wie man wirklich leben will und welche Räume dazu passen. Barbara erarbeitet Gegenentwürfe dazu. Sie plant unkonventionelle Wohnungen für Großfamilien, für große Clans, die in unterschiedlichen Konstellationen zusammenleben. Wie der Architekt Scott Howe, der für seine zehnköpfige Familie ein Haus konzipiert hat: ein großer, heller Gemeinschaftsraum unten, oben und um ihn herum zehn kleine Tatami-Kojen, für jedes Familienmitglied eine. Das inspiriert die angehende Architektin. In ihrer Diplomarbeit entwickelt sie spielerisch ein Zukunftsszenario für die nächsten 50 Jahre, das die gesellschaftlichen Normen und Wohnstandards komplett aufbricht. Alle Zugehörigkeiten, Aufteilungen und Ordnungen verschwinden in diesem Szenario mehr und mehr. Am Ende entsteht eine Vielfalt von unterschiedlichen Lebensgemeinschaften, mit eigenen Spielregeln, und jede bekommt dazu eine adäquate Wohnwelt. Immer öfter denkt Barbara daran, auch außerirdische Wohnstätten zu planen; sie erkundigt sich nach entsprechenden Ausbildungsmöglichkeiten. 1996 schließt sie ihr Studium an der Angewandten mit einem Diplom ab, kurz danach bekommt sie ein Stipendium für einen einjährigen Masterkurs in Space Studies an der International Space University in Straßburg.

Jetzt ist sie dort, wo sie hinwollte, in Straßburg, mitten in einer Gruppe von 35 Studierenden aus 30 Ländern mit ungefähr 20 verschiedenen beruflichen Hintergründen, eine japanische Juristin sitzt neben einem kanadischen Mediziner, ein russischer Übersetzer neben einer indischen Ingenieurin. Die ganze Welt ist hier in einem Mikrokosmos versammelt, mit striktem Curriculum. Durch die unterschiedlichen Kulturkreise wird der Umgang miteinander täglich zu einer neuen Herausforderung. Dagegen treten auch die üblichen Gender-Fragen in den Hintergrund. Es ist wie ein Leben auf einer internationalen Raumstation. Sie lernt hier eine ganze Menge, vor allem aber, Situationen und Gegebenheiten so anzunehmen, wie sie sind, ohne sie gleich nach dem eigenen Weltbild verändern zu wollen. Und sie lernt auch, die eigene Offenheit und Neugier zu bewahren.

Die International Space University ist sehr gut vernetzt. Ein Besuch des Astrobiologen Jerry Soffen, dem ehemaligen Kopf der Viking Mission für die NASA, wird für Barbaras Lebenslauf entscheidend. Nach einer Plauderei mit ihm in der Mensa stellt er den Kontakt zur NASA-Architektin Janis Connolly her und die bietet Barbara einen Praktikumsplatz im Lyndon B. Johnson Space Center (JSC) in der texanischen Raumfahrtmetropole Houston an.

Im Januar 1997 geht es los. Das Space Center ist ein gigantisches Gelände mit sehr schöner, modernistischer Architektur, errichtet in den frühen 1960er-Jahren; ein viele Hundert Hektar großes Gelände mit riesigen Werkshallen und Tausenden Angestellten. Innerhalb kürzester Zeit muss sie sich unzählige Namen der MitarbeiterInnen und deren Zuständigkeiten merken. Das erinnert sie an die Bergausflüge mit ihrem Großvater und die lateinischen Pflanzennamen. Irgendwann wird ihr klar, dass die hohe Komplexität der Projekte, an denen die unterschiedlichsten ExpertInnen aus vielen verschiedenen Disziplinen arbeiten, dies unverzichtbar macht.
Neben Barbara sind im JSC noch drei andere PraktikantInnen der Space University. Sie werden, basierend auf ihren Interessen, in unterschiedlichen Departements untergebracht, auf die ihr Aktivitätsradius beschränkt bleiben soll, was in einem speziellen Ausweis schriftlich festgehalten wird. Barbara und ihre KollegInnen versuchen, diese Grenzen zu durchbrechen. Nach engagierten Vorstößen bekommen sie die Erlaubnis, sich gegenseitig zu besuchen und die Trainingssimulatoren für das Spaceshuttle anzusehen.

Barbara arbeitet in einer Forschungsgruppe, die Module für eine astronautische Marsmission mit sechsköpfiger Besatzung entwirft. Ihre Kollegin, eine Designerin und Ingenieurin, beschäftigt sich mit den Hygienemöglichkeiten für die Besatzung der MIR-Raumstation. Jeden Monat startet ein Spaceshuttle zu einer Mission oder zur MIR. Der

Transport in den Weltraum und der Aufenthalt in den Raumstationen sind im Space Center Routine. Der andere Kollege analysiert als Mediziner die Berichte der Astronautencrews. Alle Besatzungen, die einer Weltraummission zugeteilt sind, müssen in Houston und Moskau gemeinsam trainieren, in speziellen Fällen auch in Köln und Tokio, damit sie sich bei einer Mission blind aufeinander verlassen können und mit den unterschiedlichen Systemen vertraut sind.

Barbara trifft die AstronautInnen in der Mensa. Sie erzählen von ihren Erfahrungen, ihren Einsichten, Perspektiven und Bedürfnissen. Oder sie setzt sich an den Rand des zehn Meter tiefen Tauchbeckens, wo unter Wasser die ganze Raumstation maßstabsgetreu nachgebaut ist, und beobachtet die AstronautInnen beim Training.
Nach dem NASA-Praktikum und dem erfolgreichen Abschluss des Master-of-Space-Studies-Programms an der International Space University in Straßburg kehrt Barbara nach Wien zurück und wird Assistentin am TU-Institut für Hochbau bei Prof. Helmut Richter. Sie unterrichtet an der Technischen Universität in Wien und an der ETH Zürich. Parallel dazu arbeitet sie an ihrer Doktorarbeit über Designkonzepte für eine astronautische Langzeit-Marsmission. 2003 gründet sie zusammen mit ihrer ehemaligen Kollegin von der International Space University, Susmita Mohanty, das Weltraumarchitekturbüro LIQUIFER.

Anfang des Jahrtausends wächst auch in Österreich das Interesse an der Erkundung des Weltraums. 2002 startet auf Initiative des Bundesministeriums für Verkehr, Innovation und Technologie und in Kooperation mit der Austrian Space Agency ASA das österreichische Weltraumprogramm. Ein Jahr später wird in Wien das Europäische Instituts für Weltraumpolitik ESPI gegründet. Kurz darauf meldet sich Werner Balogh bei ihr, ein Mitarbeiter der ASA, die später in Agentur für Luft- und Raumfahrt umbenannt wird. Österreich hat sich bei der ESA für das astronautisch-robotische Raumfahrtprogramm AURORA eingetragen, finde nun aber keine relevanten Firmen, die dazu beitragen können. Sie verabreden ein Mittagessen, bei Sushi präsentiert der Mann von der ASA sein Anliegen: Österreich brauche dringend eine Firma, die bei den ESA-Ausschreibungen im AURORA-Programm mitbieten kann und die interdisziplinär ist – eine Systemgruppe. Sie überlegen, wen man zu dieser Systemgruppe dazuholen könnte. Norbert Frischauf ist Experte für Weltraumstrategien, er arbeitet bei der Technologieberatung Booz Allen Hamilton. Sie gewinnt ihn für ihr geplantes Unternehmen, genauso wie später Stephen Ransom, einen frühpensionierten Systemingenieur mit 50 Jahren Erfahrung in der britischen und deutschen Luft- und Raumfahrtindustrie. Waltraut Hoheneder, Barbaras Kollegin von der Angewandten, stößt als Ko-Geschäftsführerin dazu. Neben ihrem abgeschlossenen Architekturstudium hat sie ein Diplom für Handelswissenschaften von der Wirtschaftsuniversität. Sie vereint Kunst und Wissenschaft, Wirtschaft und Technologie in ihrer Person. Es kommen auch noch einige Studierende von der TU hinzu, wie ihr späterer Partner und Ko-Geschäftsführer René Waclavicek. Als Ingenieur, Maurer, Zimmermann und Architekt bringt er unverzichtbare Kompetenzen mit.

2005 überführt Barbara ihr Weltraumarchitekturbüro in eine Art Plattform, die den unterschiedlichen internationalen ExpertInnen eine gemeinsame Arbeit an Weltraumprojekten ermöglicht: die *LIQUIFER Systems Group*. Ihr multidisziplinärer Ansatz ist eine deutliche Abkehr von dem stark ingenieurwissenschaftlich geprägten, den die staatlichen Raumfahrtbehörden bis dato verfolgen.

Und dann starten sie; mit drei Frauen an der Spitze: Barbara und Waltraut als Geschäftsführerinnen und Susmita als Partnerin, eine bunt zusammengewürfelte Gruppe aus WeltraumingenieurInnen, DesignerInnen und ArchitektInnen. Sie arbeiten von Projekt zu Projekt, akquirieren ständig neue, damit ihre gemeinsame Arbeit keine Unterbrechung erleidet. Richtig leben können sie davon aber noch nicht. Um finanziell über die Runden zu kommen, haben sie alle Nebenjobs. Dafür aber genießen sie volle Flexibilität. Sie können gezielt international ausgesuchte ExpertInnen aus unterschiedlichsten Bereichen projektbezogen in ihre Arbeit einbeziehen und Kooperationen eingehen.

Sie können frei nach unorthodoxen Quellen der Kreativität und Effizienz suchen, interdisziplinär.

Wer Häuser für die Schwerelosigkeit entwirft, muss sich von der irdischen Denkweise lösen und von allem verabschieden, was ein Haus in herkömmlichem Sinne definiert, muss aus allen Selbstverständlichkeiten – zunächst gedanklich, dann auch praktisch – ausbrechen.

Wie kann man Räume planen, in denen man sich schwebend fortbewegt? Ohne Stiegen, ohne Horizontalebenen, die den Menschen Orientierung geben? Statt Türen braucht es Schleusen, die zwischen extremen Ausprägungen von Temperatur oder Luftdruck Übergänge schaffen. Mit abgerundeten Formen, um Verletzungen beim Anstoßen zu vermeiden. Es braucht keine Tische, Stühle, Betten, weil diese im gravitationsbefreiten Schwebezustand völlig nutzlos wären. Denn wo ist hier unten, wo ist oben? Geschlafen wird in einer Art feuerfestem Schlafsack, der mit elastischen Bändern an der Wand fixiert wird und der die natürliche Körperhaltung des Schwerelosen, zwischen aufrechtem Stehen und Embryonalstellung, unterstützt. Anstelle eines Nachtkästchens gibt es in der Kajüte Netze, in denen sich Lesematerial oder die Fotos der weit entfernten Liebsten verstauen lassen. An der Wand befestigt werden auch alle losen Alltagsgegenstände: Werkzeug, Teller, Bücher, damit sie nicht davonschweben.
Und Körperhygiene? Barbara erzählt von einem Duschproblem, das die Russen auf der MIR hatten. Da das Wasser in der Schwerelosigkeit nicht nach unten fließt, ist das Duschen kompliziert und langwierig. Also verwandelten die Kosmonauten ihre Dusche kurzerhand in eine Art Dampfsauna. Heute gibt es auf Raumstationen nur feuchte Tücher, um sich zu reinigen.

Da ein Aufenthalt im All extrem arbeitsintensiv und fordernd ist, sind die privaten Zonen – Rückzugsbereiche zum Entspannen – auf Raumstationen besonders wichtig. Aus Platzgründen werden diese Räume faltbar gemacht, nach dem Beispiel von Faltmechanismen aus der Natur, die für den Weltraum übernommen werden. Auch der psychologische Zustand der AstronautInnen ist entscheidend, deshalb gibt es diverse Virtual-Reality-Techniken mit vielfältigen sensorischen Stimulationen; die künstliche Beleuchtung ermöglicht einen geregelten Tag-Nacht-Zyklus; die virtuellen Fenster kreieren gewünschte Ausblicke und Landschaften, und auch virtuell-reale interaktive Kommunikation mit Freunden und Familie zu Hause muss im Raumschiff möglich sein.

Barbara würde gern selbst in den Weltraum reisen. Sie ist überzeugt, dass in 15 Jahren der Mond durch Roboter vollautomatisiert bebaut werden kann. Sie arbeitet gerade an einer Technologie, mit der Roboter quasi nur mit vorhandenem Sand, Gesteinen, Wasser und der Hitze der Sonne Bausteine herstellen und verkleben, also sintern können, und so vollautomatisiert Architektur im All entstehen kann. Schon jetzt sind 3D-Drucker imstande, nicht nur Ersatzteile für ein Raumschiff aus Mondgestein herzustellen, sondern auch organisches Material aus zellulosehaltigen Abfällen aus Gewächshäusern zu gewinnen und Pflanzenelemente zu drucken.
Bei der Züchtung von Obst und Gemüse in extremen lebensfeindlichen Umgebungen experimentiert man heute mit neuen Methoden, beispielsweise der Aeroponik. Wie das Projekt EDEN ISS, an dem Barbaras LIQUIFER beteiligt war. In einem abgeschirmten, zwölf Quadratmeter großen Gewächshaus im ewigen Eis der Antarktis wird ohne Erde und mit künstlichem Licht frisches Obst und Gemüse gezüchtet. Rund 270 Kilogramm Ertrag pro Saison erzielt man derzeit, unter nahezu außerirdischen Bedingungen. Das neue Gewächshauskonzept für Mond und Mars ist faltbar und kann leicht in einer Rakete untergebracht werden.

Sind die Reisen zum Mars also tatsächlich schon in Sicht? „Noch nicht", meint Barbara, „in den nächsten zwei Jahrzehnten sind wir technisch noch nicht so weit." Aber die Erforschung der Technologien, die solche Reisen ermöglichen, interessiert sie brennend; sie haben jetzt schon einen Wert für irdische Anwendungen. Es geht hier vor allem um autarke, lebenserhaltende Systeme, die in einem geschlossenen Kreislauf arbeitend die Versorgung mit Luft, Wasser, Nahrung und Energie sichern, ohne Austausch mit der Außenwelt und damit extrem umwelt- und ressourcenschonend. Notwendige Voraussetzung für die Besiedlung von Mond und Mars, schonend für die Erde. Das ausgebeutete und lebensfeindlich gewordene spanische Gebiet Rio Tinto ist als Mars-Analoggebiet ein Sinnbild der menschlichen Grundhaltung zu seinem Planeten. Aber vielleicht können die Marsforschungen daran etwas ändern, Lösungen entwickeln?

„Wenn wir eines Tages Menschen zum Mars bringen wollen, dann müssen wir imstande sein, dort völlig autonome Lebenswelten zu bauen", erklärt Barbara, „kleine Biosphären, die sich in geschlossenen Kreisläufen materiell und energetisch selbst erhalten können. Mit einer Wiederverwertung von lokalen Ressourcen, von ausgeatmetem CO_2, gebrauchtem Wasser, Abfällen, Ausscheidungen – alles kostbare Rohstoffe, die wiederverwertbar sind."

Einige Projekte, die sich mit Nachhaltigkeit und Ressourcenschonung beschäftigen, sind dem Planungsstadium schon längst entwachsen: Dem israelischen Start-up *Redefine Meat* ist es zum Beispiel bereits gelungen, 3D-Drucker zu entwickeln, die aus Soja, Kichererbsen und Kokosfett Steaks drucken, die in Geruch, Beschaffenheit und Geschmack verblüffend nahe an echte Rindersteaks herankommen. In israelischen Gourmetrestaurants und bei Edel-Metzgern kann man dieses „Fleisch" bereits bekommen.

Auch visionäre schwimmende Städte, autonome maritime Metropolen, die dem zu befürchtenden Anstieg der Meeresspiegel trotzen sollen, sind nicht mehr reine Science Fiction. Auf Französisch-Polynesien, deren Inseln sich nur knapp über den Meeresspiegel erheben und die deshalb vom Untergang besonders bedroht sind, hat die Firma *Oceanix* mit wissenschaftlicher Unterstützung des MIT und dem dänischen Architekten Bjarke Ingels ein fertiges Konzept für schwimmende Plattformen entwickelt. Jedes Modul ist zwei Hektar groß, hat ein komplett eigenes Ökosystem und kann von 300 Menschen bewohnt

werden. Es können beliebig viele Module aneinandergehängt werden. *Oceanix* wird aktuell für 10.000 BewohnerInnen geplant. Viele vom steigenden Meeresspiegel besonders betroffene Regionen der Welt wollen das Konzept der *Ocean Cities* in naher Zukunft Realität werden lassen.
Die Ergebnisse der Forschung für den Weltraum können also auch dem künftigen Überleben auf der Erde nutzen. Häuser werden dann nicht als tote Objekte, sondern als *Living Architecture* gebaut, mit flexiblen, programmierbaren Mikro-Landwirtschaften. Eine Stadt auf der Erde könnte dann autonom wie ein Raumschiff genutzt werden.

Zurzeit arbeitet Barbaras Team an der Vorbereitung des neuesten Projekts. Als LIQUIFER eingeladen wird, an der Innenraumkonfiguration des ISS-Nachfolgers, der Raumstation GATEWAY I-HB, zu arbeiten, zusammen mit den größten europäischen Weltraumfirmen und den internationalen Raumstationspartnern, ist das wie ein Ritterschlag. Diese fliegende Raumstation ist als Tor zu Mars und Mond geplant: als Zwischenstopp für Landungen auf dem Mond und Vorbereitungszone für die sieben- bis neunmonatige Reise zum Mars. 2028 soll sie fertiggestellt sein. Bis dahin wird sicher noch viel passieren.

ERNST PETER FISCHER
EINSTEIN
FÜR DIE WESTENTASCHE

LOTTE INGRISCH

Wenn ich über mich und meine Denkweise nachdenke, komme ich fast zu dem Schluss, dass die Gabe der Fantasie für mich mehr bedeutet hat als meine Begabung, absolutes Wissen aufzunehmen.

Das Wichtigste ist, dass man nicht aufhört zu fragen.

Albert Einstein

Was fangen Elon Musk, Jeff Bezos und Mark Zuckerberg, drei der reichsten Männer der Welt, mit ihrem immensen Reichtum an? Sie treten in einen unausgesprochenen Wettbewerb der Ideen. Wer denkt das Undenkbarste, wer realisiert seine Utopien als Erster, wer verschiebt die Grenzen des Machbaren am radikalsten?

Elon Musk, Gründer von *PayPal* und *Tesla*, macht mit seinem privaten Raumfahrtunternehmen *SpaceX* Weltraumtransporte massentauglich und will so Kolonien auf dem Mars ermöglichen. Um die ganze Welt mit Internet zu versorgen, hat er mit seiner Firma *Starlink* begonnen, Tausende von Satelliten in den Himmel zu schießen. Und mit dem Projekt *Neuralink* will er durch einen eingepflanzten Chip eine Schnittstelle zwischen dem menschlichen Gehirn und Computern schaffen. Damit sollen Gedanken und Erinnerungen aller Menschen direkt miteinander verlinkt werden.

Amazon-Gründer Jeff Bezos, leidenschaftlicher Science-Fiction-Fan, will mit seinem Raumfahrtunternehmen *Blue Origin* ebenfalls Menschen in ferne Welten transportieren und außerirdische Kolonien aufbauen.
Und der Jüngste von ihnen, mit einem Privatvermögen von rund 100 Milliarden US-Dollar auch der Ärmste, *Facebook*-Gründer Mark Zuckerberg, baut virtuelle Welten auf, das *Metaverse*, und will damit

Übergänge zwischen physischer und virtueller Realität schaffen. Die Nutzer können als Avatare Raum und Zeit durchqueren, die Gesetze der Physik überwinden und in dreidimensionalen virtuellen Lebenswelten mit der realen Welt und ihren Bewohnern interagieren.

Verrückt klingende Ideen, die auf den ersten Blick dem gesunden Menschenverstand zuwiderlaufen. Aber manchmal wird gerade das scheinbar Verrückte zum Visionären – und im besten Fall sogar zur Realität. Mitunter bleibt das Verrückte aber auch einfach nur verrückt. Wer kann das schon immer vorher wissen?

Auch die längst anerkannte Quantenmechanik liefert reproduzierbare Forschungsergebnisse, gegen die sich die Vernunft zunächst energisch sträubt. Kein physikalisches Gesetz wird zum Beispiel verletzt, wenn Wasser aufwärts fließt. Es ist eben nur extrem selten, eine Sache der Wahrscheinlichkeiten. Und auch Einstein weigerte sich, die Folgerungen aus der Quantenmechanik zu akzeptieren, weil sie so gar nicht mit seiner allgemeinen Relativitätstheorie in Einklang zu bringen waren. „Gott würfelt nicht", sagte er. Für ihn kannte die Physik keine Zufälle. „Aber ja doch, tut er", sagen die AnhängerInnen der Quantenmechanik und beschreiben die physikalische Welt mittels Wahrscheinlichkeiten. Bis heute suchen PhysikerInnen nach einer Art „Heiligem Gral" der Wissenschaft, der *einen* übergeordneten Theorie, die beide miteinander versöhnt.
Charlotte Ingrisch, geborene Gruber, genannt Lotte, die das Wort „verrückt" oft hört, wenn sie von ihren Begegnungen, ihren Erscheinungen, ihren Verbindungen erzählt, interessiert sich brennend für die Quantenmechanik mit ihrer auf Zufällen basierenden und mit Wahrscheinlichkeiten beschriebenen Welt. Bei einer Diskussion zwischen PhysikerInnen und TheologInnen, die sie verfolgt, sagt ein Teilnehmer: „Es gibt zwei Götter, einen Strafenden, der Gesetze erschafft und jeden zur Hölle verdammt, der sich nicht an sie hält. Und dann gibt es auch einen kindlichen, spielerischen, ausprobierenden Gott." Für Lotte besitzt der verspielte Gott „einen gnadenlosen Humor", wie ein Theaterdirektor, der seinem Ensemble hinter dem Vorhang bestimm-

te Rollen nach dem Zufallsprinzip zuweist. „Das ist der Quantengott", sagt Lotte.
Sie hat zusammen mit dem renommierten Quantenphysiker und Doktorvater von Anton Zeilinger, Helmut Rauch, zwei Bücher geschrieben. Die wissenschaftliche Basis von Rauch dient ihr als Sprungbrett für ihre großen poetischen Bilder und Weltentwürfe, jenseits anerkannter logischer Grenzen. Aus ihren vielen Diskussionen mit Helmut Rauch zieht sie Schlüsse für ihr eigenes Weltbild: „Wir erschaffen uns ständig gegenseitig, durch unser Verhalten, unsere Erwartungen, unsere Blicke und Gesten. So erschaffen wir uns unsere Realität selbst. Ändern wir unser Verhalten radikal, ändern wir auch radikal unsere sogenannte Realität."

Sie zitiert einen guten Freund, der ihr von überraschenden Ergebnissen aus der Neuroethologie erzählt: Lässt man junge Kätzchen in einer Umgebung aufwachsen, die nur mit senkrechten und keinerlei waagerechten Streifen strukturiert ist, und setzt man sie dann später in die normale Umgebung, sehen sie die horizontalen Strukturen nicht. Die Augen nehmen diese zwar wahr, aber ihr Gehirn ignoriert sie und registriert nur die senkrechten Elemente. Kann man also nur das sehen, was man erwartet und worauf man geprägt ist? Entgeht alles andere unserem wachen Bewusstsein?
Als Lotte mit ihrem Mann Gottfried von Einem in einem alten Holzfällerhaus „mitten in der Natur" im Waldviertel lebt, mit Schafen und Katzen, ist ihr Haus bevölkert mit Geistern. Sie gehen bei ihnen ein und aus: Geister ihrer Vorfahren, ihrer verstorbenen FreundInnen, aber auch Geister von WissenschaftlerInnen aus vergangenen Epochen. Lotte und Gottfried verständigen sich miteinander oft nur durch Gedanken, Wände werden einfach „durchschritten". Sie nehmen sich gegenseitig als „großes Licht" oder „besondere Energie" wahr. So erinnert sich Lotte. „Das war damals die glücklichste Zeit meines Lebens, die 30 Jahre mit Gottfried."

Bis dahin ist ihr Leben nicht einfach. 1930 in Wien im 20. Gemeindebezirk geboren, erinnert sie sich an ständigen Ehestreit ihrer Eltern.

Gelobt wird sie als Kind nie, denn „das machte man damals nicht". Auch später, als es ihre ersten Bücher in Buchgeschäften zu kaufen gibt, kommentiert die Mutter nur lapidar: „Zumindest kann Lotte jetzt Maschineschreiben." Ihre Mutter wäre gern Lehrerin geworden, absolvierte auch das Lehramt, musste dann aber ihrem Mann in seinem Transportunternehmen aushelfen, mit zwölf Lkw nicht ganz klein. Ihn selbst interessieren vor allem seine Erfindungen. Lotte liebt ihn abgöttisch. Sie erzählt: „Er hatte 36 Patente, die Industrie wollte sie ihm abkaufen, aber er sagte immer, sie seien noch nicht fertig, er müsse sie verbessern, und hat immer weiter daran gearbeitet. Er suchte das Vollkommene." Währenddessen wachsen seine Schulden, jeden Groschen investiert er in Experimente.
Die Mutter spottet, dass er es nicht mal zu einem Ingenieur-Diplom gebracht hat. Als Antwort bekommt sie Prügel. „Das war damals nicht ungewöhnlich", meint Lotte, „so viele Männer haben ihre Frauen und Kinder geschlagen." Die Eltern streiten ununterbrochen. Wenn es zu schlimm wird, quartiert ihre Mutter Lotte nach Zwettl in einen Klosterhort aus. Mit drei Jahren landet sie dort zum ersten Mal. Der Umgang der katholischen Nonnen mit den Kindern traumatisiert sie. Sie beschreibt die Erziehung im Hort als sadistisch, brutal, mit ständigen körperlichen Bestrafungen. Sie ist als Kind sehr religiös, kann stundenlang in die Sterne schauen und über die Ewigkeit nachdenken. Aber ihre Beziehung zur Kirche ist danach ihr Leben lang gestört. Und besser wird ihre Haltung auch nicht, als sie später versteht, welche Position ihr als Frau in der katholischen Gemeinschaft zugewiesen wird. „Vater, Sohn, der Heilige Geist, alles strikt patriarchalisch", meint sie. Ein Pfarrer erklärt den Mädchen sogar, dass Frauen bis vor wenigen Jahrhunderten der Besitz einer Seele abgesprochen wurde: „Ihr seid gewesen wie ein Stück Papier oder so ein Gegenstand. Seid froh, dass euch dann von der Kirche eine Seele zugestanden wurde."

Aus dem Kloster wird Lotte immer wieder von ihren Großeltern mütterlicherseits herausgeholt. Sie kommen beide aus dem Künstlermilieu, der Großvater malt Miniaturen, die Großmutter ist Pianistin und Klavierlehrerin. Lotte fühlt sich bei ihnen wohl, versucht selbst zu

malen, hört viel Musik. Und immer holt ihre Mutter sie wieder nach Hause. Aus der Volksschule im 20. Bezirk wird sie hinausgeworfen, weil sie während des Unterrichts häufiger Faxen macht und Purzelbäume schlägt. Trotzdem schafft sie es auf das Gymnasium. Auch wenn Mathematik ihr Lieblingsfach ist, fällt sie oft bei den Prüfungen durch; sie erklärt der Lehrerin, dass sie „ihre Art von Mathematik" nicht verstehe und auch nicht anerkenne.
Schon als Teenager ist sie mit dem großen österreichischen Mathematiker Edmund Hlawka befreundet, nach dem die internationale Astronomische Union IAU einen Kleinplaneten getauft hat. Diese Freundschaft hält lebenslang. Durch ihn bekommt sie immer wieder geistige Anregungen. Ende der Siebziger macht er sie auf einen gerade erschienenen Bestseller aufmerksam: *The Hitchhiker's Guide to the Galaxy*, auf Deutsch *Per Anhalter durch die Galaxis*, von Douglas Adams. In diesem aberwitzigen Kultbuch parodiert Adams intelligent aus der All-Perspektive irdische Unzulänglichkeiten und sucht nach der Lösung für die allumfassende Frage „nach der Bedeutung des Lebens, des Universums, einfach allem". Und er findet sie in einer Zahl: 42. „Das ist genial", schwärmt Lotte, „dass die Antwort auf alle Fragen der Welt eine Zahl ist. Zahlen sind Mathematik, und die Welt ist doch auch Mathematik."

1945, mit 15, wird Lotte aus dem Internat des Klostergymnasiums in Zwettl geworfen, weil sie bei der heiligen Kommunion die geweihte Speise nicht hinunterschluckt, sondern aufhebt und später im Hof vergräbt. Sie ist mitten in der Pubertät, quält sich mit der Frage nach der Existenz Gottes. An diesem Tag fühlt sie sich für den Empfang der Hostie „nicht würdig genug", findet aber dafür bei den Nonnen kein Verständnis. Sie wird mitsamt ihrer mitgebrachten Matratze „vor die Tür gestellt". Ein Bub nimmt sie und ihre Matratze auf seinem Handwagen mit und hilft ihr so, zurück nach Wien zu kommen: Nach einem zweitägigen Marsch ist sie wieder zu Hause. Die elterliche Wohnung am Gaußplatz wurde von einer Bombe getroffen, eine Wand ist zerstört, man kann ins Freie schauen, die Möbel sind weg. Doch ihre Familie ist wohlauf. Also wird jetzt auf dem Boden geschlafen, mit

Mänteln deckt sie sich zu. Sie wohnt im sowjetischen Sektor, zu essen gibt es Erbsen, sonst nichts. Man erzählt sich von Baguettes, die angeblich „bei den Franzosen" im 6., 14. oder 15. Bezirk verteilt werden, aber eigentlich hält man das für ein Märchen.

Lotte versucht, etwas zum Budget ihrer mittellosen Familie beizusteuern, und übernimmt einen Job als Dienstmädchen bei einer kinderreichen Familie. Sie bekocht und betreut die Kinder, räumt auf, wäscht und vertraut auf das Versprechen der Dienstherrin, den Lohn dafür später zu erhalten. Irgendwann gesteht diese ihr aber, dass die Familie selbst mittellos ist, und Lotte geht völlig leer aus.

In ihrem nächsten Job putzt sie Fußböden im Messepalast, nebenbei besucht sie das Gymnasium in der Billrothstraße im 19. Bezirk, denn sie will eines Tages als Naturforscherin die Welt erkunden. Jede freie Minute verbringt sie in der Nationalbibliothek, um moderne Philosophen zu studieren. *Die Philosophie des Als Ob* von Hans Vaihinger fasziniert sie am meisten.
Nach dem Tod ihrer Großmutter, ihr Großvater lebt schon lange nicht mehr, packt sie ihre Taschen und hinterlässt den Eltern zu Hause einen Zettel auf dem Tisch, auf dem nur steht: „Bitte, wollen wir einander vergessen?" Sie zieht in die Wohnung ihrer Oma in der Margaretenstraße. Aber trotz der räumlichen Trennung schafft sie es nicht wirklich, sich dem Einfluss des Vaters zu entziehen.

Ihre erste größere Anstrengung, ihre Fähigkeiten „magisch" zu erweitern, geht gehörig schief: Sie will den Teufel beschwören, zeichnet Kreidekreise auf den Boden, betäubt sich mit Schnaps und Schlaftabletten. Danach sieht sie in den Gesichtern aller Menschen eine Teufelsfratze und landet schließlich mit einer Neurose beim Psychiater. Ausgerechnet Igor Alexander Graf Caruso nimmt sich ihrer an, der umstrittene Psychoanalytiker russischer Herkunft, ein Guru der 68er und zu der Zeit eine Kultfigur in Wien. Er hilft Lotte, mit ihren Wahnvorstellungen fertigzuwerden und ist höchst interessiert an ihrer geschilderten Fähigkeit „sich aus ih-

rem Körper zu befreien und über der Welt zu schweben, zu Sternen zu fliegen".
In der Nationalbibliothek lernt sie 17-jährig den Philosophen Hugo Ingrisch kennen. Er ist 25 Jahre älter als sie, reich und fasziniert von dem rothaarigen Mädchen, mit dem man so gut über die *Philosophie des Als Ob* diskutieren kann. Er will sie heiraten. Für Lotte ist es nicht die große Liebe. Sie hofft aber, durch die Ehe den Schlägen ihres Vaters zu entkommen. „Vielleicht wollte er damit eine innere Distanz zwischen uns schaffen", verteidigt sie ihren Vater später, „weil er mich liebte und eifersüchtig war." Sie entscheidet sich, ihren klugen Gesprächspartner zu heiraten, und freut sich schon auf viele spannende philosophische Debatten. Ihr Ehealltag aber sieht dann ganz anders aus. „Bereits bei der Hochzeit war Hugo bankrott", erzählt sie. „Er hatte auf den Dollar gesetzt und der Dollar fiel ins Bodenlose. So landete der Philosoph statt bei Immanuel Kant in der Textilbranche und ich mit ihm." Sie fakturiert bis spätabends im Textilgroßhandel *Molino* und *Hangerl* und ist unglücklich. Auch ihren Traum, Naturforscherin zu werden, muss sie aufgeben. Sie besucht auch noch als Verheiratete das Gymnasium, versucht, die Matura zu schaffen, fällt aber wegen Mathematik mehrmals durch. Ihr Mann muss ihre schlechten Noten abzeichnen. Nach dem dritten Sitzenbleiben gibt sie auf.

Doch Lotte will der Textilbranche entfliehen und ihr Glück als Journalistin versuchen – aber wie? Ohne Erlaubnis ihres Mannes darf sie sich als Frau nirgends bewerben, keine eigene Arbeit suchen. Sie liest viel und fragt bei ihrem wöchentlichen Besuch in der Leihbibliothek am Kohlmarkt, welche Art von Büchern Menschen am meisten mögen. „Humoristische Romane", ist die lapidare Antwort der Bibliothekarin, „es gibt viel zu wenige davon." Lotte beschließt, die Marktlücke zu füllen und einen humoristischen Roman zu schreiben. Von acht Uhr morgens bis zehn Uhr abends fakturiert sie jetzt Stoffe im Großhandel ihres Mannes, und jeden Morgen steht sie um halb vier auf, peppt ihren Morgenkaffee mit einem kräftigen Schuss Wodka auf und setzt sich an die schwere Schreibmaschine, die sie jeden Abend vom Geschäft in die Wohnung und am Morgen wieder zurück schleppt.

1958 dann, sie hat ein Jahr daran geschrieben, ist ihr erster Roman fertig. Lotte nennt ihn *Die geblümte Straßenbahn*, der Zsolnay-Verlag, wo er zuerst erscheint, ändert den Titel aber in *Verliebter September*. Zu verrückt erscheint ihnen der ursprüngliche Buchtitel. Ihr Erstling kommt gut an. Als Rowohlt-Taschenbuch erscheint er später in einer Auflage von 50.000 Stück. Jahre später, als in Wien tatsächlich mit Blumen bemalte Trams fahren, wird Lotte gefragt, ob sie die Hippie-Bewegung vorausgesehen habe. „Ich habe immer von der Zukunft abgeschrieben", sagt sie dazu trocken. „In meinem Fernsehfilm *Abendlicht* nahm ich die Liebe im Alter vorweg, in *Fairy* die grüne Bewegung." Nach ihrem ersten Unterhaltungsroman veröffentlicht sie zwei weitere, alle unter dem Pseudonym Tessa Tüvari. „Ich habe mich geniert und wollte keine Schande über meinen Mann und die Firma bringen", sagt sie. Inzwischen kann sie gut von ihrem Schreiben leben und muss sich nicht mehr mit *Molino* und *Hangerln* abplagen. Dann deckt der ORF ihr Pseudonym auf und ermuntert sie, Hörspiele und Theaterstücke zu schreiben. Schon mit ihren ersten Einaktern *Salzpuppen* und dem im Akademietheater aufgeführten *Vanillekipferln* erzielt sie größere Publikumserfolge. Es folgen mehrere Stücke, Hör- und Fernsehspiele. Sie publiziert jetzt zwei bis drei Texte pro Jahr unter ihrem wirklichen Namen. Das ZDF, der Südwestrundfunk und das Bayerische Fernsehen bestellen bei ihr Drehbücher.

Mitte der Sechziger lernt sie den zwölf Jahre älteren Gottfried von Einem kennen, den weltweit gefeierten österreichischen Komponisten. Sie weiß sofort: Er ist die Liebe ihres Lebens. Also bittet sie ihren damaligen Mann, sie „freizugeben", und als er nach zwei Jahren endlich einwilligt, lässt sie sich scheiden und heiratet 1966 Gottfried. Er liebt die Natur und will ein zurückgezogenes Leben, genau wie sie. Lotte kauft „spottbillig" ein ehemaliges Holzfällerhaus, das in Rindlberg, einem kleinen Dorf im Waldviertel, auf einem einsamen Hügel steht. Gottfried verschenkt seinen Smoking und alles, was zu seinem alten Leben in Wien gehört, nimmt stattdessen Jeans, Pullover und die alten Lederjacken mit. Sie kaufen sich eine Ziege, Schafe und Katzen, viele Katzen, 60 werden es insgesamt im Laufe der Jahre werden, und ziehen in Rindlberg ein. Bis auf Kurzaufenthalte in Wien und geschäftsbedingte Abstecher nach München, wo Lotte mit dem Bayerischen Fernsehen und dem ZDF verhandelt, leben sie jetzt durchgehend auf ihrem Hügel, auch im Winter, wenn das Haus durch hohen Schnee von der Außenwelt abgeschnitten ist und die Temperatur schon mal weit unter minus zehn Grad fallen kann. Die benachbarte Greißlerin Mariandl, bald ihre gute Freundin, versorgt sie mit dem Nötigsten aus ihrem Gemischtwarenladen. Sie putzt auch bei ihnen und schneidet ihnen die Haare. Lotte erzählt lachend, wie sie in diesen Wintern beim Milchholen im hohen Schnee stecken bleibt oder bei dichtem Nebel den rufenden Postboten nicht sehen kann.

Vor allem aber schwärmt sie von der ganz besonderen Beziehung, die sie mit ihrem Mann verbindet und die für beide sowohl Nähe wie auch Freiheit bedeutet. Sie leben in ihrer eigenen Welt, ignorieren traditionelle Verhaltensnormen und geschlechtliche Zuschreibungen. Sie nennt ihn „Bärenfräulein", weil er „seine Opern wie ein Bär und seine Kammermusik wie ein Fräulein" komponiert. Und weil er viele Seiten hat, die als weiblich gelten. Er kocht gern, holt sich seine Zutaten für das Backrohr oder die kleine Pfanne – Würstchen, Joghurt, Eier – von Mariandl. Und er ist viel „übersinnlicher" als Lotte. Als er ihr über die vielen Geister erzählt, die er über das Haus ziehen sieht, nimmt sie diese am Anfang „nur ein bisschen" wahr. Später sitzen die beiden gern mit einer Flasche Wein am Kamin, erzählen sich ihre eigenen Geistergeschichten und prosten den unsichtbaren Gästen zu.

Lotte fühlt sich „ziemlich männlich". Sie ist ein „vollkommener Gentleman", hebt Sachen auf, die er fallen lässt, hält ihm die Tür auf. „Es gibt sehr viele Geschlechter, nicht nur zwei oder drei", da ist sich Lotte sicher. Aber so wirklich interessieren sich die beiden gar nicht für irgendwelche Zuordnungen oder Kategorien. Was sie wahrnehmen, was sie fühlen, ist ihre von ihnen geschaffene und miteinander geteilte Realität. Und wenn Gottfried, mitten in der Nacht, Lotte als aufgehende Sonne sieht, als ein großes Licht, das sanft in sein Zimmer scheint, dann ist sie eben ein Licht und kann sich durch die Luft bewe-

gen. Diese Vorstellung mag sie sowieso am liebsten: keine bemühten Gestaltungen, sondern einfach ein freies, körperloses Sein.
Gottfried arbeitet ausschließlich nachts, sie dagegen schreibt tagsüber. Die Eheleute treffen sich wach meist nur „bei Schichtwechsel", hinterlassen sich kleine Zettel mit Nachrichten. Dabei geht es meist lustig zu: Sie haben beide einen ausgeprägten Humor. „Ich glaube, das ist eine wichtige Voraussetzung für eine glückliche Verbindung", schmunzelt Lotte, „man muss lachen können, miteinander, übereinander und auch über sich selbst. Und das war bei uns immer der Fall. Wir haben jede Menge Schabernack getrieben, jede Menge Hetz miteinander gehabt; und wir haben uns selbst nie zu ernst genommen, im Gegensatz zu vielen eitlen Kollegen von Gottfried, die er etwas kritisch ‚Kunst-Künstler' nannte."

Ernst nimmt Lotte alle Tiere, aber auch die Pflanzen, denen gegenüber sie sich ebenfalls wie ein Gentleman benimmt. Sie ernährt sich nur in den Wintermonaten von dem, was ihr Mann kocht, die übrige Zeit isst sie vorwiegend Brennnesseln. Kurz nachdem sie in Rindlberg eingezogen ist, stattet sie ihnen einen Anstandsbesuch ab – sie steht vor einer Brennnesselpflanze und stellt sich vor: „Guten Tag, ich bin Lotte Ingrisch, ich werde euch gleich in mich verwandeln. Ich hoffe, ihr werdet euch gut in mir fühlen, ich bin an sich ganz nett." Für Lotte sind nicht nur Tiere, sondern auch Pflanzen Lebewesen mit Empfindungen und Bewusstsein. Sie belegt dies mit 100 Jahre alten Schriften von Gustav Theodor Fechner, dem Begründer der Psychophysik. Sie weiß aber auch, dass Pflanzen elektrische Impulse weiterleiten können, nicht unähnlich der Signalübertragung bei Tier und Mensch, wenn auch wesentlich langsamer. „Wir sind nur der kleine Teil eines großen Organismus, in dem alles mit allem verbunden ist", meint sie. Sie interessiert sich auch für „Störzonen" und „Kraftplätze", die, wie sie meint, durch Erze und Wasseradern entstehen, die magnetische Ströme verändern. Ihr Holzfällerhaus steht auf einer dieser starken Störzonen. Doch für sie ist das kein Problem – im Gegenteil, es befördert ihre Geistererscheinungen. „Dieser Raum war nicht homogen und man erlebt die Wirklichkeit an jeder Stelle des inhomogenen Rau-

mes anders, vielleicht sah ich deshalb dort vermehrt Geister", vermutet sie.
Das Zentrum ihrer Tätigkeit bildet nach wie vor das Schreiben. Neben Fernsehfilmen entstehen in Rindlberg weitere Theaterstücke: Komödien, Zauberpossen, Science Fiction. Und natürlich Libretti für gemeinsame künstlerische Projekte mit Gottfried. Eines davon, die Mysterien-Oper *Jesu Hochzeit*, löst bei ihrer Uraufführung 1980 im Theater an der Wien wegen „blasphemischer Textstellen" einen Skandal aus und bewegt den Terroristen Franz Fuchs dazu, der Verfasserin dieses „gotteslästerlichen Librettos" eine Briefbombe zu schicken, zum Glück an eine alte Adresse.

Auf der Suche nach einer bequemeren Wohnstätte für Gottfried, dessen körperliche Robustheit im Laufe der Jahre deutlich nachlässt, kauft das Ehepaar schließlich ein Haus in Oberdürnbach, einem kleinen Ort im niederösterreichischen Weinviertel, an der böhmischen Grenze. Lotte schwärmt von dem „düsteren, nassen Hochwald", von der großzügigen Terrasse der ehemaligen Volksschule, die jetzt ihr Zuhause ist. Eine Freundin hilft beim Transport der Schafe, inzwischen sind es sechs, und alle haben natürlich einen Namen. Die Katzen übersiedelt das Paar in ihrem Pkw selbst.

Lotte engagiert sich immer stärker für die selbstbestimmte Sterbehilfe, glaubt fest daran, dass jeder Mensch das Recht hat, selbst zu entscheiden, ob er sie in Anspruch nimmt. Ihr Mann und sie haben sich gegenseitig versprochen, unter keinen Umständen lebensverlängernden Maßnahmen zuzustimmen, sollte die Entscheidung relevant werden.

1996, sie sind gerade in Wien, drängt Gottfried plötzlich darauf, wieder zurück ins Weinviertel zu fahren. Er müsse jetzt dringend sein Streichtrio beenden, er müsse „Musik in Licht und Licht in Musik verwandeln".
In Oberdürnbach angekommen, geht es ihm bereits schlecht. Er will allein sein, scherzt aber trotzdem noch herum. Lotte ist unsicher, wie

sie sich verhalten soll, legt ihre Matratze vor seine Schlafzimmertür und verbringt dort die Nacht. In dieser Nacht stirbt Gottfried, „mit einem Lächeln auf dem Gesicht. Er sah aus wie ein 30-Jähriger", erzählt sie. Sie hört ihn als „Jenseitigen" noch sagen: „Scheiße, jetzt habe ich mein Trio doch nicht fertig komponiert!" Dann nimmt sie ihre Katzen und fährt mit ihnen nach Wien, zurück in ihre Wohnung in der Hofburg. Das Dürnbacher Haus schenkt sie der Stadtgemeinde Maissau, die es in ein Gottfried-von-Einem-Museum verwandelt. Einmal im Jahr finden dort Festtage mit seiner Kammermusik und Liedern statt.

Für Lotte ist ihr Mann auch nach seinem Tod immer noch gegenwärtig; er besucht sie, sie lachen weiterhin „miteinander, übereinander und auch über sich selbst". Sie notiert, was er sagt. Wie üblich, wenn sie sich an die Schreibmaschine setzt, schaltet sie dabei ihre linke Gehirnhälfte aus, mit einer Flasche Wein, Schnaps und Schlaftabletten. „Dann ist meine Kontrollzentrale, meine Ratio, mein Bewusstsein, praktisch im Koma", erklärt sie sachlich, „und ich kann mit meiner rechten Hirnhälfte, der kreativen, emotionalen frei mit großen Geistern kommunizieren. Ich schreibe dann automatisch auf, was von ihnen kommt." In *Ratte und Bärenfräulein* publiziert sie Dialoge mit ihrem verstorbenen Mann. Er berät sie auch zu Themen, die sie schon seit den Siebzigern beschäftigen, zur Bewusstseins- und Jenseitsforschung.

Schon 1993 gründet sie eine „Schule der Unsterblichkeit", um den Menschen die Angst vor dem Tod zu nehmen. „Sterben für Anfänger", „Sterben für Fortgeschrittene", „Gespenster-Knigge" lauten Auszüge aus dem Kursprogramm. 2002 wird sie mit dem Österreichischen Ehrenkreuz für Wissenschaft und Kunst 1. Klasse geehrt.
Als Bestsellerautorin und „Reiseführerin ins Jenseits" hat sie insgesamt 32 Bücher veröffentlicht, 23 Theaterstücke geschrieben, zehn Hörspiele, sechs Fernsehspiele sowie sieben Libretti und acht Liedtexte für ihren Mann produziert. Ihre beiden letzten Bücher gelten der Quantenphysik. Das ist nicht verwunderlich – viele Theater- und FilmautorInnen lassen sich von der Faszination anstecken, die dieser

moderne Zweig der Physik auf die menschliche Fantasie ausübt, sehen ihre Bühnenfiguren nicht mehr wie bisher als altmodisch festgelegte „Charaktere", sondern nur noch als Möglichkeiten und Varianten, je nach Szene, Situation und Blick des Betrachters.

Lotte kennt Filme wie *Mr. Nobody* oder *Lola rennt*, die dieses Motiv beeindruckend durchspielen. Sie ist begeistert, dass die Quantentheorie eine Vielzahl paralleler Welten erlaubt, das sogenannte Multiversum: „Dann ist doch das Universum, in dem der Mensch existiert, nur eines unter sehr vielen. Wenn wir aber gleichzeitig in mehreren Welten existieren können, die mit nur kleinen Verschiebungen ansonsten identisch sind, dann gibt es doch eigentlich keinen Tod, wir sterben und leben nur in einer anderen Welt weiter. So kann ich auch meinen Mann und andere verstorbene Freunde treffen."

Wenn sie aber hier in dieser Welt, in unserer gegenwärtigen Zeit noch einmal leben könnte, was würde sie anders machen? „Ich würde doch keine Forscherin mehr werden wollen. Ich würde mich mit Naturschutz befassen und für die Tiere und den Erhalt der Natur in unserer Welt kämpfen", sagt sie. Sie bewundert Greta Thunberg, die in ihren Augen die Welt bereits jetzt verändert hat. Gretas Vorwurf an die heutigen Entscheider „Ihr habt uns unsere Zukunft gestohlen" hat sich Lotte sehr zu Herzen genommen. Würde sie noch einmal leben, sie würde Greta helfen, ihre Zukunft zurückzuerobern. In dieser oder einer anderen Welt.

Alexandra XANDI
Alexa
RIDLEY

ALEXANDRA MEIXNER

And how you seem to me
Like a grounded angel remembering the sky
And trying to be free
So fly on, fly on
Fly on, little angel, fly away
It's time to spread your wings
Fly on, fly on
(...) Till what you seek is found.

Joshua Kadison – Song For A Grounded Angel

Mit 30 nimmt Xandi, wie Alexandra von FreundInnen genannt wird, innerhalb kürzester Zeit zehn Kilo zu. Ihre Beziehung ist gerade zerbrochen und sie stopft sich mit Schokolade und Kuchen voll. Auf Süßes will sie nicht verzichten, also berechnet sie, wie viele Kalorien sie durch Sport verbrennen muss, um nicht weiter zuzunehmen. Sie kommt auf zehn Kilometer Laufen pro Tag. Sie tut es und es macht ihr Spaß. Einmal verläuft sie sich ordentlich und sie muss bis nach Hause die doppelte Strecke bewältigen. Aber auch das schafft sie problemlos. Sie verdoppelt sie nochmal bis zur Marathondistanz und ihr Körper zieht mit.

Sie nimmt an diversen Marathonrennen teil. Dann versucht sie sich an der Königsdisziplin, der *Ironman*-Distanz: 3,8 Kilometer Schwimmen, 180 Kilometer Fahrradfahren und 42 Kilometer Laufen. Sie bricht mehrere Weltrekorde: den ersten 2014 in Mexico beim Deca Ultratriathlon, dann 2016 beim Double Deca Ultratriathlon. Als erste Österreicherin meistert sie 2017 und 2019 das *Race Across America*, das härteste Radrennen der Welt. Sie durchquert dabei auf ihrem Fahrrad den nordamerikanischen Kontinent von der West- zur Ostküste. 2019 stellt sie den Weltrekord beim *Race Across Australia* auf.

Die Frage, ob diese extremen sportlichen Leistungen irgendwelchen Vorbildern in ihrer Familie folgen, amüsiert Xandi.

Sie kommt 1971 in Wien zur Welt, im niederösterreichischen Weitra wächst sie auf. Ihr Vater arbeitet bei der Gemeinde im Wasserresort, beschäftigt sich mit Kanälen und Kläranlagen und ist Leiter des Bauhofs. Ihre Mutter betreibt neben dem Haushalt ein Heimgewerbe als Korbflechterin und bekommt mit Anfang 20 unmittelbar hintereinander vier Töchter. Sie müssen alle mit 14 aus dem Haus und selbst für ihren Lebensunterhalt sorgen, machen Ausbildungen zu Kindergärtnerinnen und Krankenschwestern, indem sie gegen Kost und Logis bei anderen Familien aushelfen. Als dann nach längerer Pause noch zwei Nachzüglerinnen zur Welt kommen, erst ihre Lieblingsschwester Trixi und dann als jüngste sie selbst, Alexandra, haben die beiden es besser als ihre Schwestern. Der Vater überredet Xandi, die als Kind Fernfahrerin werden will, das Gymnasium zu besuchen, weil er jetzt in der Lage ist, für ihre Ausbildung aufzukommen. Xandi überlegt danach, Russisch zu studieren. Da sie aber später bei der Berufsausübung in ihrem Heimatort bleiben will, weil sie „die Wurzeln braucht", damit ihr „Flügel wachsen", wie sie es nennt, entscheidet sie sich für Medizin. Sie ist voll Zuversicht und kühner Pläne, freut sich auf ihre Zukunft.
Dann passiert etwas, das ihr Leben völlig verändert. Sie ist elf Jahre alt, als sie von einem Freund der Familie, einem häufigen Gast in ihrem Elternhaus, sexuell missbraucht wird. Sie sei so hässlich, sagt er zu ihr, dass sie ihm für das, was er ihr antut, dankbar sein müsse. Sie schämt sich, sucht die Schuld bei sich, kann und will sich niemandem anvertrauen. Zu Hause spricht man nicht über solche Themen, sie existieren auch nicht in der dörflichen Öffentlichkeit. Erst viele Jahre später, mit 18, tauscht sie sich mit Trixi aus, ihrer älteren Schwester. Trixi nimmt sie mit zu einer Psychotherapeutin, dann zu einer Frauenärztin. Vorher ignoriert Xandi ihren Körper, kann ihn nicht spüren, empfindet keinen Schmerz. Durch das Medizinstudium will sie einen distanzierten, medizinischen Blick auf ihren körperlichen und psychischen Status erlangen.

Ihre Schwester hilft ihr. Trixi wird im Waldviertel „Feministin" genannt, was zu dieser Zeit einer Beschimpfung gleichkommt. Sie ärgerte sich oft über Xandi, über deren mangelndes Selbstbewusstsein, über ihre Stimme, die in Anwesenheit eines Mannes sofort viel höher wird. „Warum muss du dich immer unterordnen, klein machen, warum räumst du Männern ständig hinterher?", fragte sie dann. Doch jetzt sprechen sich die beiden Schwestern aus, über ihre ländliche, sehr konservative Erziehung, über die geschlechtsspezifische Rollenzuschreibung in ihrem Heimatort, über die „Zehn Gebote einer Ehefrau", die ihre Mutter noch auswendig lernen und natürlich befolgen musste. Dazu gehörte zum Beispiel, dass sie sich nie unfrisiert zum Frühstück setzen oder ungepflegt vor ihrem Mann erscheinen durfte. Diese Gebote, die gerade am Land in den Achtzigern noch im kollektiven Denken existieren, sind wahrscheinlich auch ein bisschen daran schuld, dass Xandis frühe Liebesbeziehungen beide in die Brüche gehen. Beide, der eine, ein Zimmerer, der andere, ein Pfleger, sind mit einer Ärztin als Freundin oder Ehefrau schlicht überfordert.

Ihr Medizinstudium in Wien muss sich Xandi größtenteils selbst finanzieren. Sie bekommt von ihren Eltern die Kinderbeihilfe von 2000 Schilling monatlich, den Rest verdient sie sich als Bürohilfe und Betreuerin in der Kita. Büroarbeiten mag sie besonders gerne. Das Kopieren und Abstempeln von Hunderten von Briefen ermüdet sie nicht; sie kann danach noch gut für ihr Studium lernen.
Sie entscheidet sich für die Fachrichtung Gynäkologie. Sie will Frauen etwas von der Hilfe zurückgeben, die sie selbst in ihrer schwierigen Therapiezeit von ihrer Ärztin bekam. Sie will in ihrer ländlichen Heimatregion mit Kompetenz, Geduld und Verständnis als eine Vertrauensperson zu Verfügung stehen.
Ihren Turnusdienst absolviert sie im Krankenhaus in Gmünd und macht zuerst in Bregenz, dann in Freistadt und Horn ihre Facharztausbildung. Parallel dazu arbeitet sie als Notärztin in der Bergrettung. Sie fliegt mit der *ARA HeliRescue Austria*, der Flugrettung, in die Berge, seilt sich zu den Verunfallten ab und versorgt sie im Hubschrauber bis in die Krankenhäuser. Diese Arbeit gefällt ihr gut. Sie

überlegt kurz, auch in Zukunft als Notärztin zu arbeiten, entscheidet sich aber dagegen, weil sie „ihre“ Frauen nicht allein lassen will.

Zum Abschied vom Notärztinnen-Dasein meldet sie sich für ein Dreivierteljahr als Notärztin bei den UNO-Truppen auf den Golanhöhen, der Hochebene zwischen Syrien und Israel. Es ist ihr erster beruflicher Einsatz im Ausland. Als UNO-Soldatin darf sie sich an ihren freien Tagen sowohl in Syrien als auch in Israel frei bewegen. Auf dem Fahrrad erforscht sie beide Länder, vom Mittelmeer bis ins Landesinnere, fährt zum Toten Meer, zum Roten Meer, steht am See Genezareth und erforscht die Negev- und die Sinai Wüste. Sie spricht mit Einheimischen, beobachtet, wie sie leben. Im Dienst als Ärztin pflegt sie syrische Verwundete und unterhält sich mit syrischen Offizieren, die als Dolmetscher agieren. Sie will viel über deren Kultur erfahren und ihre für sie ziemlich befremdende Haltung gegenüber Frauen verstehen.
Während ihrer Zeit bei der UNO trifft sie Walter. Er ist Krankenpfleger, kommt aus Traiskirchen bei Wien und wollte schon immer im Waldviertel leben. Er wird später „alles“ für sie, wie sie mit leicht verschämtem Lächeln beteuert: ihr Ehemann, ihr Mentor, Promotor, Unterstützer, ihr mentaler Coach, ihr bester Berater und ihr Freund.

Noch von den Golanhöhen aus telefoniert Xandi mit ihrer Stadtgemeinde in Schrems; man möge für sie entsprechende Räume für eine gynäkologische Praxis suchen. Da im Ort eine Frauenärztin dringend benötigt wird, ist die Stadt sehr kooperativ. Als Xandi mit Walter nach Abschluss ihres UNO-Dienstes 2006 ins Waldviertel kommt, ist die Praxis schon bereit für die ersten Patientinnen.

„Ich bin ein wahnsinniger Glückspilz“, sagt Xandi. Sie spricht von „glücklichen Zufällen“ in ihrem Leben, von erstaunlichen und, wie sie meint, unverdienten Wundern, für die sie unendlich dankbar ist. Das gilt für ihre Ausbildung, die sie als erste Akademikerin in ihrer Familie absolvieren durfte. Das gilt für ihre Begegnung mit Walter. Und dafür, dass sie jetzt, im ersten Jahr ihrer Praxis in Schrems, auch zu einer bekannten Kabarettistin wird: Die Gmünder Bezirksbäuerin-

nen laden die junge Ärztin zu einem medizinischen Vortrag ein, damit ihre künftigen Patientinnen sie ausgiebig kennenlernen können. Die Bäuerinnen sind gut vernetzt, besuchen oft Fortbildungskurse, die in ihrem Veranstaltungszentrum stattfinden. Sie wünschen sich ein Referat zum Thema „Lustvoll Frau sein". Xandi macht gerade eine Zusatzausbildung in Psychotherapie und Sexualtherapie, der Vorschlag gefällt ihr. Um die üblichen Fettnäpfchen rund um dieses schwierige Thema zu umschiffen, niemanden zu verletzen und trotzdem diesbezügliches Schweigen zu durchbrechen, wählt sie für ihren Vortrag eine besondere Form. Leicht ist das nicht: Die Frauen sind meist wesentlich älter als sie, viele haben bereits die 70 überschritten und bestimmte Themen sind für sie tabu. Doch Xandi schlüpft während ihres Vortrags in unterschiedliche Rollen, mal spielt sie eine Frau, die sich mit ihrer Lust für „unnormal" hält, mal einen jähzornigen Ehemann, dann wieder eine leicht verklemmte, ratlose Ärztin, die gegen ihre eigene Scham ankämpft. Sie bringt diese Figuren miteinander in Dialog und kann so die härtesten Themen ansprechen. Dabei geht es ihr vor allem darum, die von Medien verbreiteten „Sexmythen" zu thematisieren, zu überprüfen und zu entschärfen.
Ihr Auftritt, von Riesengelächter begleitet, wird zu einem durchschlagenden Erfolg. Die Bäuerinnen bitten Xandi um eine Wiederholung, um ihn nochmal mit ihren Freundinnen zu sehen. Und dann mit ihren Ehemännern. Der medizinische Vortrag wird von einer Journalistin, die darüber berichtet, in „Kabarett" umgetauft und in den größten Gemeindesaal verlegt. Mit den ersten drei Vorstellungen erreicht sie insgesamt 1500 Besucher.

Bald melden sich auch andere Gemeinden mit Einladungen. Schließlich zieht Xandi mit ihrem Programm *Sex-Mythen* von einem niederösterreichischen Gemeindesaal zum anderen, gibt über Jahre zwei- bis dreimal wöchentlich Vorstellungen. Noch kurz vor dem Ausbruch der Coronapandemie im Jahr 2020 kann man ihr Kabarett einmal im Monat sehen. Es wird begleitet von diversen Radiosendungen. Ihr Buch *Ätsch, Erster! Sex ist ernst genug, um darüber zu lachen* erscheint im Galila Verlag.

Mit dem unerwarteten Erfolg bekommt Xandi ein Instrument von unschätzbarem Wert in die Hand. Den ansonsten schamhaft verschwiegenen, intimen Frauenproblemen verleiht sie auf der Bühne Normalität: eine wirksame und sinnvolle Unterstützung ihrer Arbeit in der Ordination. Und die gesellschaftlichen Rollenzuweisungen und Tabus ihrer konservativen Umgebung zerrt sie ans Tageslicht und macht sie zum Lachobjekt, zum Ortsgespräch. Plötzlich ist es möglich, im Waldviertel über die Position der Frau zu sprechen, über geschlechtliche Rollenspiele und einengende traditionsbedingte Sitten und Gebräuche. Aber auch das Thema Ernährung nimmt sie in ihre Vorträge auf.
Nicht immer läuft alles glatt. Xandi erzählt von bitterbösen E-Mails, die sie auch bekommt. Etwa von einer Psychologin, die sich empört, dass sie die seriösen Sexualprobleme von Frauen auf eine dermaßen komische Art darstellt. Oder von einem Wirt, der sie fragt, ob sie seiner „Familie die Lebensgrundlage wegnehmen will", weil sie sich als Vegetarierin outete.

Den Gegenwind bekommen Xandi und Walter ziemlich stark zu spüren. Sie beziehen ihr frisch gekauftes Haus in St. Martin, Xandi ist neben ihrer Ordination in Breitenberg auch für einige Stunden wöchentlich im Gmünder Krankenhaus angestellt, wo Walter als Krankenpfleger tätig ist, bevor er ins Kurhaus Moorbad Harbach wechselt. Dieses Rollenverhältnis ist für manche traditionsbewusste Waldviertler „eines Mannes unwürdig". Walter wird gesellschaftlich ignoriert, auf Einladungen und Empfängen wird er behandelt wie die namenlose Begleitung der Frau Doktor. Er geht souverän, mit viel Humor damit um. Unbeirrt unterstützt er seine Frau. Er fährt sie zu ihren entfernt gelegenen Kabarettauftritten, damit sie wenigstens im Auto etwas Zeit miteinander verbringen können. Und er übernimmt als ausgebildeter Trainer auch die Verantwortung für ihre sportliche Entwicklung.
Sport ist die größte Leidenschaft von beiden. Da Xandi 50 bis 70 Stunden pro Woche als Ärztin arbeitet, muss sie ihr Training in ihren Alltag einbauen. So radelt sie zwei Mal täglich bei jedem Wind und

Wetter die rund 30 Kilometer lange Strecke zwischen ihrem Haus in Breitenberg und ihrer Ordination in Schrems. Darüber hinaus läuft und schwimmt sie intensiv.

Xandi staunt, zu welchen enormen Leistungen ihr Körper fähig ist, und will verstehen, wie er funktioniert und wo seine Grenzen sind. Sie macht zusätzlich eine Sportmedizinausbildung und ein Diplom für Akupunktur. Aber auch danach bleiben viele ihrer Fragen unbeantwortet. Ihr erster *Ironman*-Wettkampf 2008 gibt ihr den Anstoß, immer neue Extreme zu suchen und ihre Leistungsfähigkeit, körperlich und geistig, bis zum absoluten Limit auszureizen. Doch der *Ironman* ist eine Nische, es gibt einfach weltweit zu wenige, die sich dieser extremen Herausforderung stellen. Entsprechend fehlt es an Literatur, an Ernährungstipps und Trainingsprogrammen. Xandi und Walter begeben sich damit auf ein wenig erforschtes Terrain.

Im Mai 2011 stößt Xandi zufällig auf die Ankündigung eines Double Ultratriathlon, was der doppelten *Ironman*-Distanz entspricht, also 7,6 Kilometer Schwimmen, 360 Kilometer Radfahren und 84 Kilometer Laufen. Er findet im September in der Schweiz statt. Es reizt sie ungemein, ihre Leistungsfähigkeit damit auszutesten. Sie fragt Walter, ihren Trainer, ob sie dafür ausreichend trainiert hat. Seine Antwort lautet: „Nein." Diese Szene wiederholt sich mehrmals. Dann, kurz vor Anmeldeschluss im September, will Xandi die Diskussion über den Double-Ultratriathlon-Wettbewerb endgültig abschließen: „Walter, du meinst also, ich würde es nicht schaffen?" Er staunt: „Natürlich wirst du es schaffen, gar keine Frage. Du wolltest aber immer nur wissen, ob du genug trainiert hast."
Xandi lacht, wenn sie diese Geschichte erzählt; sie liebt Walters Humor. Lachend erzählt sie noch weitere Anekdoten von ihrem ersten Double Ultratriathlon. Wie sie beide einen Surf-Neoprenanzug bei *Lidl* im Sonderangebot für 40 Euro kauften, ohne zu wissen, dass er für den Wettbewerb völlig ungeeignet ist, denn er wärmt zu wenig beim Schwimmen und schränkt beim Kraulen ihre Bewegungen ein. Sie zieht den Wettkampf trotzdem durch – mit dem 40-Euro-Teil. Mit-

tendrin kollabiert sie beinah, weil sie sich während des Wettkampfes völlig falsch ernährt und die ersten Stunden beim Laufen gar nichts isst. Aber ihre Schwester Trixi, die sie auch begleitet, verpasst ihr eine Akupunktur gegen Übelkeit, und dann geht es weiter.
Nach der Rückkehr versuchen Xandi und Walter, ihre Wissenslücken zu schließen, die sich bei dem Wettkampf offenbart haben. Sie beschäftigen sich intensiv mit der Ernährungswissenschaft für LeistungssportlerInnen und experimentieren mit Trainingstechniken. Richtig faszinierend ist aber für Xandi, wie sich der menschliche Körper mental steuern lässt. Sie beobachtet bei SportanfängerInnen, wie sie oft, trotz hervorragender physischer Verfassung, ihren Wettbewerb verlieren. „Jeden Kampf verliert man im Kopf und gewinnt ihn auch dort", meint Xandi. Der Wille zu gewinnen, der feste Glaube, dass es gelingt, sind entscheidend. Es ist wie ein Duell der Gesten und Haltungen, wie das Kräftemessen von zwei Katzen, die sich minutenlang gegenseitig anstarren, bis zwischen ihnen Siegerin und Verliererin feststehen, auch ohne gekämpft zu haben. Xandi ist sich sicher, dass der Mensch unendlich mehr kann, als er sich alltäglich zutraut. Sie will erfahren, wo ihre persönlichen Grenzen liegen.

2014 meldet sie sich zum Deca Ultratriathlon im mexikanischen León an, einer zehnfachen *Ironman*-Distanz, insgesamt 38 Kilometer Schwimmen, 1800 Kilometer Radfahren und 421,9 Kilometer Laufen. Als sie ihn in glühender Hitze tatsächlich durchsteht, stellt sie gleichzeitig ihren ersten Weltrekord auf. Zwei Jahre später schreibt sie beim *Swissultra* Sportgeschichte, indem sie den Double Deca Ultratriathlon schafft. Sie schwimmt insgesamt 77,2 Kilometer, fährt mit ihrem Fahrrad 3604 Kilometer und läuft 843,9 Kilometer, eine unvorstellbare, unglaubliche Leistung. Für Xandi steht danach fest: „Wenn ich will, kann ich alles erreichen."
Seit 2015 interessiert sie sich zunehmend für Ultracycling, eine Langdistanzdisziplin im Radsport, die Christoph Strasser, der sechsfache Weltmeister, in bester steirischer Untertreibung als „Weitradlfoan" bezeichnet. Xandi ist mit Strasser befreundet, sie kennt seine hochprofessionelle Trainingsmethode. Sie selbst trainiert sehr unor-

thodox, im Regenerationsmodus, ihre Muskeln arbeiten aerob, bekommen also ständig genug Sauerstoff. Ihre Herzfrequenz bleibt entsprechend im Ausdauerbereich, zeigt keine besonderen Spitzen. Sie hat also noch große Reserven, noch viel „Luft nach oben". Sie will versuchen, diese Reserven durch ein professionelles Trainingsprogramm für Hochleistungssport zu erschließen.

Doch nach sechs Monaten bricht sie das Programm ab; es ist nicht ihr Ding. Ein Training nach Zahlen und fremdbestimmten Zielkorridoren lässt sie verkrampfen, setzt sie Versagensängsten aus. Sie braucht Freude an der Leistung, Spontaneität, Leichtigkeit. Sich selbst disziplinieren kann sie trotzdem gut, unabdingbar für solche Höchstleistungen. Auch den Schmerz unterdrücken, dem ihr Körper bei solchen Torturen ausgesetzt ist. Einmal, mitten im zehnfachen Triathlonwettbewerb, erleidet sie das sogenannte Schienbeinkantensyndrom, ein schmerzhafter, laufsporttypischer Überlastungsschaden. Es lähmt den Fußhebel und macht das Weiterlaufen unmöglich. Walter fixiert ihren Fuß kurzerhand rechtwinklig mit Leukotape, einem starken Klebeband. So läuft sie noch weitere 100 Kilometer. Das Bein schmerzt zwar weiter, aber wie sie erklärt: „Ich habe beim Missbrauch meines Körpers in jungen Jahren gelernt, das Empfinden für bestimmte Körperteile einfach vom Kopf her auszuschalten. Das setze ich auch in solchen Situationen ein."
Xandi sieht ihre extremen Leistungen aber nicht als Raubbau an ihrem Körper. „Den betreiben Menschen, die 30 Kilo Übergewicht haben, eine Packung Zigaretten am Tag rauchen oder täglich mehrere Flaschen Bier trinken. Ich quäle meinen Körper zwei bis drei Wochen im Jahr, bei den Bewerben. Und während der restlichen Zeit passe ich gut auf ihn auf."
2015 nimmt sie am *Race Around Austria* teil. Es ist eine Vorbereitung auf ihren großen Traum: an der Westküste der Vereinigten Staaten losradeln und erst an der Ostküste wieder absteigen. Die Erfüllung dieses Traumes ist aber zunächst einmal sehr kostspielig. Privat kann sie das nicht stemmen. Zum Glück entscheidet sich ein amerikanischer Sponsor, auch eine Österreicherin zu unterstützen. Und einige

regionale UnternehmerInnen, die auf die „verrückte Waldviertlerin“ stolz sind, helfen ihr auch.
2017 ist es so weit. Beim *Race Across America*, dem legendärsten und härtesten Radrennen der Welt, durchquert sie in 12 Tagen, 5 Stunden und 35 Minuten den nordamerikanischen Kontinent. Das sind 4940 Kilometer. Drei Faktoren, die eine derartige extreme Leistung ermöglichen, werden oft genannt: Kopf, Körper und Team, zu gleichen Teilen. Auch Xandi ist sich sicher, dass ihr hervorragendes Team, das aus insgesamt zwölf Leuten und einem Hund besteht, einen riesigen Anteil an ihrem Erfolg hat. 2019 wiederholt sie das *Race Across America* nur wenige Monate nach ihrem Weltrekord beim *Race Across Australia* über 3000 Kilometer von Perth nach Sydney.
Die extremen Herausforderungen reichen eigentlich schon für ein erfülltes Leben. Aber Xandi gibt ihre Arbeit als Ärztin nicht auf, sie braucht sie auch, um die enormen Kosten für ihre Wettkämpfe und den Alltag zu stemmen. Sie bemüht sich, Medizin, Sport und Alltag in eine lebbare, sich gegenseitig befruchtende Verbindung zu bringen. „Es kommt darauf an, den Körper mit der Seele und die Seele mit dem Körper zu heilen“, schrieb Oscar Wilde. Dieser Satz wird zum Motto ihrer vielen Leben: als Ärztin, Sportlerin und Privatperson.

Ihre Praxis baut sie als einen Gegenentwurf zum „kranken Krankenhaussystem“ auf. Sie absolviert eine fundierte Weiterbildung in psychosomatischer und psychosozialer Medizin. Daraus entwickelt sie zusätzliche Betätigungsfelder wie Familien- und Sexualtherapie sowie Sportmedizin mit Schwerpunkt Leistungsdiagnostik. Diese vielfältigen Aktivitäten ermöglichen ihr einen „ganzheitlichen Blick“, zum Wohle ihre PatientInnen.
Seit 2016 lässt sie ihr Haus kontinuierlich ausbauen. Es ist ein alter Gebäudekomplex mit einigen dazugehörenden leer stehenden Räumlichkeiten. Kein Raum bleibt bei ihr ungenutzt: Zuerst baut sie ein Sportzentrum auf, das sie zusammen mit Walter als Trainerin, inzwischen hat sie auch diese Ausbildung absolviert, betreibt. Zwei Räume, die sie für psychotherapeutische Sitzungen nutzt, werden

auch für die Akupunktur verwendet. Und 2019 zieht sie auch mit ihrer gynäkologischen Praxis dorthin. Jetzt hat sie alle ihre Fachpraxen zusammen.

Ihre Heimatregion ist ohne Frau Doktorin Meixner kaum mehr zu denken. Ihr Sportzentrum genießt große Popularität, nicht zuletzt auch wegen der sozialen Komponenten. So trainiert jetzt die ursprünglich getrennte Gruppe der jungen SportlerInnen auf eigenen Wunsch zusammen mit der der PensionistInnen, weil „die Älteren sie mit ihrer Begeisterung anstecken und zu besseren Leistungen anspornen". „Trainieren kann man überall", sagt ein Teilnehmer, „aber so eine tolle Atmosphäre, so viel Gelächter bei so guten Ergebnissen gibt es sonst nirgends."

Am 17. August 2021 startet Xandi einen neuen Rekordversuch. Einen Monat lang will sie täglich mindestens 439 Kilometer Rad fahren. Damit würde sie den bestehenden Weltrekord HMMR (*highest monthly mileage record*) knacken. Weil viele ihrer geplanten Extrembewerbe wegen Corona ausfallen, will sie „einen individuell organisierten neuen Weltrekord aufstellen und ihn einem wohltätigen Zweck widmen". Ihre Fans können für jeden geradelten Kilometer einen frei wählbaren Betrag einzahlen. „Ich fühle mich privilegiert, die Gesundheit und die Rahmenbedingungen zu haben, diesen Weltrekord zu starten. Deswegen will ich jene unterstützen, die nicht so privilegiert sind", erläutert Xandi ihre Gedanken dahinter. Einen Monat später hat sie über 13.300 Kilometer auf dem Fahrrad zurückgelegt und gleich zwei Weltrekorde geknackt.

Was wünscht sich die Frau Doktorin und mehrfache Weltmeisterin für die Zukunft? – „Dass meine Arbeit als Ärztin und Kabarettistin für mehr Toleranz, mehr Respekt und Wertschätzung zwischen den Menschen sorgt, zu mehr Offenheit anderen Ansichten gegenüber, mehr Bereitschaft, sich auf jemand anderen einzulassen, ihm zuzuhören. Und dass ich zur Bekämpfung von Angst in der Gesellschaft beitragen kann, dieser schlimmsten, destruktivsten Kraft im Menschen."

ADELE NEUHAUSER

So wär' denn immer da, was einmal dagewesen
Und alles Gegenwart? – Der Augenblick,
Wenn er die Wiege einer Zukunft ist
Warum nicht auch das Grab einer Vergangenheit?
Geschehen ist, was nie geschehen sollte,
Und ich bewein's und bittrer als du denkst,
Doch soll ich drum, ich selbst, mich selbst vernichten?
Klar sei der Mensch und einig mit der Welt!
In andre Länder, unter andre Völker
Hat uns ein Gott geführt in seinem Zorn,
Was recht uns war daheim, nennt man hier unrecht,
Und was erlaubt, verfolgt man hier mit Hass;
So lass uns denn auch ändern Sitt' und Rede
Und dürfen wir nicht sein mehr, was wir wollen,
So lass uns, was wir können mind'stens sein.

Franz Grillparzer – Medea

Im Herbst 1992 findet am Mainzer Staatstheater die Premiere von Grillparzers *Das Goldene Vlies* statt, dem antiken Mythos über Medea. Das Drama der selbstbewussten, mächtigen Königstochter, die aus Liebe zu ihrem Gatten ihren sozialen Status und ihre Identität aufgibt, zu einer verachteten, obdachlosen Flüchtlingsfrau wird und am Ende, von ihrem Mann betrogen und verlassen, ihre Kinder umbringt, fasziniert die Menschen seit Jahrhunderten.

Grillparzer hat diese Figur mit einer modernen Psychologie ausgestattet und zu einer der beliebtesten Heldinnen auf deutschsprachigen Bühnen gemacht. In Mainz wird sie von Adele Neuhauser verkörpert. Ihre Medea wird nicht von blinder Emotion getrieben. Sie hockt auf der Bühne wie ein lauerndes Raubtier, wachsam und geduldig, um konstruktive Haltung bemüht, registriert alles, was um sie herum passiert, mit ihr, gegen sie. Dann wendet sie sich plötzlich direkt an das Publikum, fordernd, eindringlich. Sie will etwas klarstellen, ihre Perspektive schildern. Aber sie spricht diesen Monolog plötzlich auf Neugriechisch. Keiner versteht sie. Trotzdem spürt das Publikum, dass sie mit der Sprache auch ihre Identität wechselt. Sie wird zu einer anderen Person, wird elementarer, unbeherrschter, aggressiver. Fremde Sprachen hört man zu diesem Zeitpunkt auf den städtischen Bühnen noch kaum; eine enorme Beklommenheit ergreift die Zuschauer, es wird totenstill, der Graben zwischen Adeles Medea und dem Publikum wird schmerzhaft spürbar.

Die Medea wird für Adele zum Riesenerfolg. Sie führt sie auch zu einem Teil ihrer Wurzeln zurück, denn Adele ist großmütterlicherseits Griechin. Da sie die Sprache ihrer Kindheit aber nicht mehr beherrscht, überträgt ihr Vater Grillparzer ins Griechische und übt mit ihr die Medea-Texte auf Amorgos, seiner Lieblingsinsel in den Kykladen.
Die sonnigen, nach Rosmarin, Thymian, nach Salbei, Minze und Lavendel duftenden Kykladen liebte schon ihr Großvater, ein steirischer Wasserbauingenieur. Er arbeitete in den Zwanzigern auf Syros, der Kykladen-Hauptinsel, heiratete dort eine Einheimische und kehrte nicht mehr nach Österreich zurück. Adeles Vater wächst als Inselkind auf. Erst mit 20 kommt er nach Wien und lernt Deutsch. Er studiert in Wien Architektur, verliebt sich in die Schwester eines Kollegen, Elisabeth, ein erst 16-jähriges „Wiener Mädel", und heiratet sie. Sie bekommen einen Sohn, Alexander, Adeles ältester Bruder. Doch kurz danach trennt sich die junge Frau von ihrem Mann, heiratet seinen besten Freund und bekommt einen weiteren Sohn, Adeles Halbbruder Peter. Dann erhalten diese verworrenen Familienverhältnisse einen weiteren Dreh und wirken wie einem Shakespeare-Drama entsprungen: Die zweite Ehe der hübschen Elisabeth funktioniert nicht, sie lässt sich scheiden, sehnt sich nach ihrem ersten Mann zurück, der inzwischen nach Athen zurückgekehrt ist und sich dort als Architekt etabliert hat. Sie fährt mit ihren beiden Söhnen zu ihm. Und erneut verlieben sich Adeles Eltern ineinander und heiraten noch einmal,

Elisabeths zweiter Sohn wird vollständig in die Familie integriert. Das alles prägt Adeles Leben noch vor ihrer Geburt. Sie kommt in Athen zur Welt, verbringt dort auch ihre früheste Kindheit. Das geräumige Haus an der sonnenüberfluteten Mittelmeerküste ist für sie eine Idylle. Sie endet abrupt, als die Mutter entscheidet, dass die Familie nach Österreich zurückkehren soll, und der Vater ihrem Wunsch, wenn auch unwillig, zustimmt.
Adele ist vier Jahre alt, als die Familie von Griechenland nach Wien übersiedelt, zuerst in die 350 Quadratmeter große Wohnung ihrer Großeltern. Mathilde und Leopold Schmid gehören zum künstlerischen Milieu: Er ist Maler und Bildhauer, sie webt Gobelins und fertigt Kasperlefiguren an, die sie weltweit verkauft. Für die kleine Adele ist diese riesige Wohnung mit Atelier und Werkstätten „voller Abenteuer und verborgener Geheimnisse". Sie fährt mit ihrem Dreirad an Bücherregalen, die ihr „so hoch wie der Stephansdom" erscheinen, und an beeindruckenden Bildern vorbei. Sie lauscht den Erzählungen ihrer Großmutter, während diese Wassergeist-Puppen oder Prinzessinnen bastelt.
Manchmal besucht sie mit der Mutter ihren Onkel Ivo im damals noch kommunistischen Prag. Auch heute noch pflegt sie ihre „böhmische Ader", wie sie es nennt, die ihrer Persönlichkeit einen Schuss Humor gibt. Onkel Ivo hat einen Oldtimer, den er mit leidenschaftlichem Respekt behandelt. Für das kleine Mädchen ist es ein Märchenfahrzeug. Genauso märchenhaft ist die sehnsuchtsvolle Vorstellung ihres Onkels von Wien als einer großzügigen, glitzernden, westlichen Metropole, erleuchtet von bunter Leuchtreklame. Adele lässt sich von der Faszination für sein Wien anstecken.

Bei einem der Besuche in Prag erlebt sie zufällig die Zerschlagung des Prager Frühlings mit. In der Nacht zum 21. August 1968, geweckt von dröhnenden Geräuschen, sieht sie Panzer durch die Straßen fahren, begleitet von marschierenden Soldaten mit Gewehren. Sie versteckt sich unter dem Bett. Am nächsten Tag wird sie mit ihrer Mutter in einem Autokonvoi der österreichischen Botschaft zurück nach Wien gebracht. Dieses Erlebnis inspiriert sie nachhaltig zur Beschäftigung

mit diesem Teil der europäischen Geschichte und befördert ihre humanistische und sozialdemokratische Prägung.
Die Familie zieht später in ihre eigene kleine Wohnung im 10. Wiener Gemeindebezirk um. Für Adele ist es eine Art Kulturschock. Sie empfindet dieses Arbeiterviertel Ende der Sechziger als besonders hässlich, auf den Straßen herrscht Aggressivität, ständige Schlägereien, nicht selten wird geschossen, es gibt auch Tote. Ganz Wien scheint ihr aus dem Favoriten-Blickwinkel „extrem dunkel und abweisend, boshaft, hinterfotzig und ekelhaft". Sie erinnert sich an „diese keifenden alten Menschen, diese unzufriedenen Menschen", an eine Welt voller Armut und Ungerechtigkeit.
Sie besucht die Volksschule am St.-Elisabeth-Platz im 4. Bezirk. Sie lernt, sich „unsichtbar" zu machen, sich als Mädchen eine Art „Schutz-Aura" zuzulegen, indem sie beispielsweise sehr burschikos auftritt.

Ihr fehlt die Helligkeit, die Sonne. Die findet sie in Wien nur bei ihren Großeltern in deren Kunst. Durch sie lernt sie Parallelwelten kennen, bevölkert von Elfen und Zwergen. „Das Zulassen von anderen Realitäten, das war, glaube ich, meine Rettung", sagt sie später. Mit ihren Großeltern erforscht sie die Natur, fährt immer wieder in ihr geliebtes Waldviertel zu langen, ausgedehnten Wanderungen, die sie zu dritt in ungewöhnlich schnellen Schritten bewältigen. „Wir schossen wie Pfeile durch die Gegend", erinnert sich Adele.

Als sie neun Jahre alt ist, trennen sich ihre Eltern endgültig. Sie bleibt beim Vater in Favoriten. Er bemüht sich, ihr ein behütetes Zuhause zu bieten, kauft ihr hübsche Kleidung. Aber ihre Trenchcoats von Burberry, ihre Schottenröcke, die sie in die Hauptschule anzieht, wirken im 10. Bezirk exotisch und vergrößern nur den Abgrund zwischen ihr und ihrem Umfeld, machen sie zur Außenseiterin. Auch deshalb schämt sie sich, schämt sich für alles und jeden, fühlt sich unglücklich. Als ob sie zu alt wäre, um ein Kind zu sein, aber noch zu unreif, sich in ihrer rauen Umgebung zu behaupten.
Die Aufnahmeprüfung für das Gymnasium, die Ende der Sechzigerjahre noch verpflichtend ist, besteht sie nicht. Der Vater ist entsetzt,

lässt ihren Intelligenzquotienten mit einem Test überprüfen, aber der attestiert ihr eine überdurchschnittlich hohe Intelligenz. Sie besucht trotzdem die Hauptschule am Hebbelplatz in Favoriten, später wechselt sie in die Höhere Lehranstalt für Wirtschaftliche Frauenberufe, im österreichischen Volksmund als „Knödelakademie" bezeichnet. Dort bekommt sie gleich am ersten Tag von der Direktorin zu hören, dass „Absolventinnen dieser Anstalt sehr gerne geheiratet werden". Konfrontiert mit diesem Klischee, fühlt sie sich wie in einem falschen Leben, das nichts mit ihr zu tun hat. Sie hat überhaupt noch kein Gefühl für das, wer oder was sie ist, sein will oder sein könnte.

Die Mutter behandelt ihre eigentlich kindliche, schüchterne Tochter wie eine Schwester oder Freundin. Sie bespricht sich mit ihr über ihre Liebesprobleme, von denen Adele noch gar nichts wissen will. Für den Vater ist sie eine Art „platonische Ehefrau". Das alles überfordert Adele. Sie fühlt sich nur sicher, wenn es ihr gelingt, jemanden zum Lachen zu bringen. Das Lachen ist für sie ein Liebesbeweis, von lachenden Menschen erfährt sie Akzeptanz, Bestätigung. Um Lachen hervorzurufen, erzählt sie lustige Geschichten, spielt komische Szenen vor, zitiert absurde Dialoge. Das kann sie hervorragend. Eigentlich will sie schon lange Schauspielerin werden, auch, um Menschen in gute Stimmung zu versetzen, für das Positive zu öffnen. Wie damals in der Hauptschule, als sie vom Religionslehrer ausgewählt wurde, beim Besuch von Kardinal König im Stephansdom zum Entzücken allen Anwesenden das „Ave Maria" zu singen.
Vor allem aber fasziniert sie das Spiel mit Identitäten, sich in jemand anderen zu verwandeln, unterschiedliche Rollen auszuprobieren. Das verschafft ihr Distanz zu sich selbst, zu ihren eigenen Charaktereigenschaften und Denkstrukturen, aus denen sie jetzt einfach ausbrechen kann, wie aus einem Gefängnis, zumindest für eine kurze Zeit. Diese „Befreiung" benötigt sie dringend. Durch die Trennung ihrer Eltern verfällt sie in eine tiefe Depression. Schon mit zehn Jahren unternimmt sie ihren ersten Suizidversuch. Dabei bleibt es nicht. Es gibt noch fünf weitere davon, sie versucht es immer wieder, bis zu ihrem 21. Lebensjahr, bis sie als Schauspielerin

im Theater Fuß fasst. Die Arbeit an Rollen ist ihre beste Therapie, ihre einzige.

Mit 16 zieht sie von zu Hause aus und mietet zusammen mit ihrem Freund eine kleine Altbauwohnung. Sie will für sich herausfinden, ob ihre schauspielerischen Ambitionen umsetzbar sind. Mit einer gefälschten Unterschrift ihres Vaters meldet sie sich von der „Knödelakademie" ab, die ihrer Meinung nach reine Zeitverschwendung ist, und stellt sich der Aufnahmeprüfung beim renommierten Wiener Max-Reinhard-Seminar. Diese findet eigentlich anonym statt: Die Prüfenden kennen die Identität der Geprüften nicht. Durch ein Versehen wird aber Adele bei ihrem Auftritt als Schülerin der Höheren Lehranstalt für Wirtschaftliche Frauenberufe angekündigt. Sie verkrampft, fühlt sich gedemütigt – und fällt durch die Prüfung.
Schon bald überschreibt die erfolgreiche Aufnahme in die private Wiener Schauspielschule Krauss ihr „Versagen" am Max-Reinhard-Seminar. Während der Ausbildung geht sie mit einer kleinen Münchner Bühne monatelang auf Tournee durch die bayrische Provinz. In den Pausen lernt sie die Münchner Jazzkeller kennen und entwickelt ein großes Interesse für Saxofonsoli. Als sie zurück nach Wien kommt, ist ihre Beziehung zwar zerbrochen, aber sie besteht die Studienabschlussprüfungen bravourös mit Auszeichnung. Dann wird sie nach Münster engagiert. Sie weiß bis dahin nicht, dass es diese Stadt gibt: Münster. Sie sucht auf der deutschen Landkarte und findet sie in Nordrhein-Westfalen, fast 1000 Kilometer nordwestlich von Wien. Für sie, die sich immer nach Süden orientiert hat, ist es eigentlich die verkehrte Richtung. Aber sie will aus Wien weg.
Das Theater Münster ist ein Betonblock aus den Fünfzigern. Der Blick von der Bühne in den leeren Zuschauerraum mit beinahe 1000 Plätzen erinnert Adele an einen Soldatenfriedhof – die Anordnung der Sitze, wie genormte Kreuze, ganz eigenartig. „Das war so mein Einstieg in dieses Deutschland", erinnert sie sich. Es ist das Jahr 1981, die RAF wütet in ganz Deutschland, die Stimmung ist aufgeheizt und unsicher, Freiheiten der Zivilbevölkerung werden durch die Antiterrorgesetze eingeschränkt. Trotzdem mag sie das Land mit seiner Sprache,

die ihr so selbstverständlich und nah ist und gleichzeitig so fremd, mit der „gnadenlosen Direktheit“ und der „verblüffenden Humorlosigkeit“, die sie erst lernen muss, so wie sie lernt, Bier und Korn zu trinken. Sie fühlt sich hier in gewisser Weise „politisch gut aufgehoben“, in dieser Gesprächskultur, die ihr ehrlicher und offener scheint, als sie es von Wien kennt: „Mehr Aufrichtigkeit, weniger Süffisanz, weniger boshaft als der unangenehme Sarkasmus mancher alter Wiener Männer, die noch immer ihre Nazizeit mit sich herumschleppen.“ Aber einen kleinen Schuss Sarkasmus und den damit verbundenen speziellen Humor vermisst sie manchmal doch. Sie stellt fest, dass sie mit Wien eine intensive Hassliebe verbindet. So wird sie immer wieder in die Stadt zurückkommen, nicht nur wegen ihrer Familie.

Aber zuerst macht sie in Münster ihre ersten Schritte auf den Brettern, die die Welt bedeuten. Die Bühne wird für sie als Schauspielerin viele Jahre zu ihrer künstlerischen Heimat: in Essen, Erlangen, Regensburg, Mainz und Ingolstadt. Überall dort, wo es einen Bühnenraum mit Scheinwerfern und Schnürboden gibt, ein Inspizientenpult und eine Schauspielergarderobe, fühlt sie sich zu Hause.
Die Auseinandersetzung mit den Theatergestalten der Weltliteratur wird zu ihrer großen Leidenschaft, die ihrem kindlichen in andere Rollen „Reinrutschen“ eine professionellere Basis gibt. Sie erkennt, wie viel Leid und existenzielle Probleme die Helden und Heldinnen auf der Bühne, stellvertretend für die ZuschauerInnen, im Laufe der Jahrhunderte auf sich nehmen mussten, aus welchen grausamen, ausweglos erscheinenden Situationen sie sich befreien mussten oder in welchen sie scheiterten. Das fasziniert sie. Sie will diese Figuren mit ihren eigenen Erfahrungen, Erlebnissen und Gefühlen nähren. Sie will sie den ZuschauerInnen näherbringen, mit ihnen in einen emotionellen Austausch kommen, ihnen die Erfahrung, in Distanz zu ihrem eigenen Leben gehen zu können, ebenfalls ermöglichen. Die eigenen Grenzen und Engen zu überwinden, sie in größere Zusammenhänge zu stellen, andere Perspektiven auf die Welt und Mitmenschen zu bekommen, ist für Adele nicht nur die beste Schule der Toleranz und Empathie. Wenn es gelingt, ist es ein berauschender, emotionaler Vorgang für alle Beteiligten.

Berauschend ist für Adele auch die Arbeit in einem Theaterensemble, das üblicherweise aus SchauspielerInnen unterschiedlicher Herkunft und verschiedenen Alters besteht, „mit denen man nach der Vorstellung durch die verwinkelten, schäbigen Gänge in die Kantine geht, und alle sind noch vollgepumpt mit Adrenalin, weil dort oben auf der Bühne gerade so viel passiert ist". Es ist für sie wie mit gutem Jazz: „Es gibt keine ProtagonistInnen, alle kommen nach ihrem Solo wieder zurück auf das gemeinsame Thema; alle werden zu einer gemeinsamen, geistigen Energie."
Allerdings ist Adele in den Städten, in denen sie spielt, durchaus als eine Protagonistin angesehen, sie wird jeweils mit der Rolle gleichgesetzt, die sie auf der Bühne verkörpert. So wird sie in Supermärkten als Callas oder Maria Stuart erkannt, auf der Straße als Medea, Lady Macbeth, Mephisto angesprochen. Diese, heute in der Fachwelt an sich verpönte, Identifikation mit der Bühnenfigur, freut Adele ganz besonders: „In Berlin hätte ich zum Beispiel den Mephisto nicht so spielen dürfen. Dort zählen vor allem die Experimente mit der Form. Aber in Regensburg, unterhalb des Radars des Groß-Feuilletons, haben wir völlig frei probieren können." Ihr androgyner Mephisto wird zu einem verführerischen, boshaften Zyniker, nach dem Muster der alten Wiener Männer, die mit ihrem Sarkasmus alles Lebende und Schöne in die Flucht treiben. Adele appelliert direkt an die Emotionalität der ZuschauerInnen, lässt sie spüren, was so ein Mephisto alles zerstören kann. So werden ihre persönlichen traumatischen Erlebnisse zum Material für ihre künstlerische Arbeit. Und ihr Bedürfnis nach einer tragikomischen Spielart, wo großes Leid direkt an Lachen grenzt, wird hier auch befriedigt.
Während ihrer Theater-Wanderjahre heiratet Adele ihren Kollegen Zoltan Paul, den sie schon von der Schauspielschule und aus Münster kennt. Die beiden kündigen ihre festen Engagements in Essen und lassen sich, zur Verblüffung ihrer FreundInnen, auf ein gewagtes Abenteuer ein. Zusammen mit einigen KollegInnen versuchen sie, unter der Leitung des rumänischen Regisseurs und Theaterdirektors David Esrig im oberbayerischen Polling ihr eigenes Theater zu gründen, „Athanor", das mit Formen der Commedia dell'arte experimen-

tieren und die SchauspielerInnen-ZuschauerInnen-Beziehung neu definieren soll.

Adele und ihr Mann mieten vom Besitzer der Klosterbrauerei Polling ein altes Haus, wie sie es sich erträumt hatten; eine ehemalige alte Bahnhofsrestauration inmitten einer malerischen, sanft hügeligen Landschaft. Die Luft ist dort so „sättigend und kräftig, dass man den Eindruck hat, als würde man einen Schweinsbraten einatmen".
Als die Truppe von Esrig zerfällt und mit ihr der Traum von einem eigenen Theater, ist Adele gerade schwanger. David Esrig gründet später in Burghausen eine Athanor Akademie für Darstellende Kunst, die dann nach Passau umzieht und bis heute existiert. Adele aber bleibt mit ihrem Mann in Polling wohnen, ihr Sohn kommt dort zur Welt und sie will jetzt eigentlich nur Mutter sein. Sie strebt kein festes Engagement mehr an, antwortet auf keine Angebote. Bald aber wird leider schmerzlich klar, dass ihr Mann nicht genügend verdient, um allein die Familie zu ernähren. Seine Beschäftigungsoptionen als Schauspieler und Regisseur sind begrenzt, seine Ausflüge in andere Berufsfelder bleiben mäßig erfolgreich. Also muss auch Adele mitarbeiten. Noch während ihrer Schauspielschulzeit hat sie die Filmregisseure Peter Patzak und Michael Haneke kennengelernt, spielte in Patzaks populärer ORF-Krimiserie *Kottan ermittelt* ihre erste Fernsehrolle, eine unsympathische Schülerin, die ihre Mitschüler denunziert. „Herrlich, ich habe immer schon diese schrägen, boshaften Persönlichkeiten gespielt", lacht sie, „vielleicht, weil ich nie wirklich ein Mädchen war." Danach bekommt sie immer wieder kleine Rollen in TV- und Kino-Filmen, muss aber die attraktiveren, zeitaufwendigeren Angebote meist absagen, weil sie mit ihrer festen Anstellung am Theater nicht kompatibel sind. Jetzt reaktiviert sie diese Schiene, reduziert die Anzahl ihrer Bühnengastspiele. Um die Jahrtausendwende spielt sie in ein paar Dutzend Filmen und Serien mit: *Spieler, Irren ist männlich, Der kleine Mann, Davon stirbt man nicht, Gone,* im *Tatort „Wolf im Schafspelz", Zwei Engel auf Streife,* in sieben Folgen der Serie *Sinan Toprak ist der Unbestechliche* und vielen anderen.
In ihrer Beziehung kommt es dadurch zu wachsenden Reibungen.

Im Nachhinein stellt Adele fest, dass sie sich damals von bestimmten Klischees ihrer Generation noch nicht lösen konnte, dass sie unbewusst von ihrem Ehemann eine machohafte Fürsorge erwartete und dass seine geringen beruflichen Erfolge seine Attraktivität für sie entscheidend minderten. „Bis heute mag ich eigentlich einen starken, verlässlichen Machoarm, an dem ich mich festhalten kann", witzelt sie, „aber einen Arm, der auch für Windelnwechseln und Kochen geeignet ist. Diese Art von Macho ist jetzt mein Sohn."

Ihre Ehe zerfällt und die Geschichte ihrer Eltern wiederholt sich: Sie kommt später erneut mit Zoltan zusammen, nach sieben Jahren, da ist ihr Sohn gerade 18, trennen sich die beiden endgültig voneinander.

Irgendwann um 2003 kommt der Regisseur von ihrem Regensburger *Faust*, Michael Bleiziffer, auf sie zu. Er erzählt ihr von seinen Plänen, diese erfolgreiche Inszenierung, die damals überregionale Aufmerksamkeit erregte und sechs Jahre lang gespielt wurde, in einer neuen Auflage, aber mit der alten Besetzung, wieder auf die Bühne zu bringen. Diesmal sollen beide *Faust*-Teile, natürlich mit ihr als Mephisto, die Basis des gigantischen Projekts sein. Die Versuchung für Adele ist groß. Gleichzeitig wird ihr aber bewusst, wie intensiv, ja selbstausbeuterisch ihre Arbeit in all den Jahren auf deutschen Bühnen war und wie sehr sie sich dabei ausgepowert hat. Ihre schauspielerischen Ausdrucksmittel haben sich, wie sie findet, in dieser Zeit kaum weiterentwickeln können. Sie kommt zu der Conclusio, dass die Zeit für eine Veränderung reif ist. Sie braucht jetzt die Kamera. Sie sagt den *Faust* ab und ruft ihre Agentin an, die ihr vor Kurzem ein Ultimatum gestellt hat: „Jetzt oder nie." Sie ruft in den Hörer: „Jetzt!"

Sie bekommt eine große Rolle in Rainer Kaufmanns dreiteiligem TV-Film *Kirschkönigin*, der als „faszinierender Mikrokosmos mit seinem Figuren- und Facettenreichtum" von der Kritik gefeiert wird. Adele spielt eine skurrile Haushälterin. Die Dreharbeiten finden in Prag statt, in einer ihr vertrauten Stadt.

Eines Tages bittet man sie, ein kleines Image-Video ihrer bisherigen TV-Arbeit nach Wien zu schicken. Man sucht eine 72-jährige Schauspielerin für eine TV-Landkrimiserie, *Vier Frauen und ein Todesfall*, und ob sie vielleicht ...? Adele ist Anfang 40. Und sie hat in Prag keine entsprechenden Möglichkeiten, eine halbwegs professionelle Präsentation zu produzieren. Dieses, wie sie selbstkritisch sagt, „dilettantische Filmchen", das sie mit zwei Videorekordern auf die Schnelle selbst anfertigt, ist von einer miserablen technischen Qualität. Sie schickt es trotzdem nach Wien und sie bekommt die Rolle der Julie Zirbner.

Sie bedeutet für Adele ein ganz besonderes „Identitätsspiel", auch eine abenteuerliche Zeitreise. Als Bäuerin im fiktiven österreichischen Dorf Ilm wird sie „auf alt gemacht", mit weißen Haarsträhnen und einem abgetragenen Dirndl. Als sie bei der Kostümprobe in den Spiegel schaut, sieht sie ihre eigene Großmutter. Sie merkt, dass sie sich auch bei der Gestaltung dieser Rolle stark an ihr orientiert, an ihren Bewegungen, ihrem Witz und ihrer Sprache, was für Adele ein richtiger Befreiungsakt ist. An deutschen Drehorten, wo sie häufig die Frage „Sie sprechen aber schon Hochdeutsch?" hört, fühlt sie sich oft gestelzt, nicht authentisch. Sie muss sich sehr konzentrieren, „hochdeutsch" zu klingen, die österreichische Melodie wegzulassen. Julie Zirbner darf jetzt sprechen, „wie ihr der Schnabel gewachsen ist". Adele weiß zu diesem Zeitpunkt nicht, ob sie noch wirklich im Dialekt sprechen kann, also redet sie einfach drauflos und merkt plötzlich: „Mein Gott, da ist er wieder, mein Humor. Da bin ich. Da bin ich authentisch, bin wieder da." Es ist für sie ein berauschendes Aha-Erlebnis, eine Initialzündung. Dank Julie, dieser „unfassbar schirchen, aber in ihrer Frechheit auch wieder feschen und liebenswerten Bäuerin, die das Dorf voller Wahnsinniger richtig aufmischt und damit die beengenden Lebensentwürfe der Provinz ans Tageslicht bringt", lernt sie wieder die österreichische Erzählart lieben, mit ihren unverwechselbaren satirischen Zügen.
Vier Frauen und ein Todesfall, von der französischen Presse auch liebevoll als „österreichische *Muppet Show*" bezeichnet, wird europaweit ausgestrahlt, in Frankreich, Italien, Dänemark und Russland.

Millionen von ZuschauerInnen laden Adele in ihre Wohnzimmer ein.

Parallel zu den Dreharbeiten für *Vier Frauen* bekommt Adele 2010 das Angebot, eine Hauptrolle im *Tatort* zu übernehmen. Sie soll die Assistentin des bereits sehr populären Oberstleutnants Moritz Eisner spielen, den Harald Krassnitzer verkörpert. Der *Tatort* läuft seit 1970 vor bis zu zehn Millionen ZuschauerInnen, Adele kommt in der 793. Folge hinzu. Ihre Kommissarin Bibiane „Bibi" Fellner arbeitete vorher bei der Sitte. Täglich mit sexueller Nötigung, Vergewaltigung und Zuhälterei konfrontiert, sucht die dünnhäutige Kommissarin Zuflucht im Alkohol. An Eisners Seite bringt Bibi frischen Wind in die routinierten Abläufe der Wiener Mordkommission, verblüfft mit Sprüchen wie: „Für höhere Ämter, wohl nicht nur bei der Wiener Polizei, braucht es drei Dinge: keine Ahnung, keine Skrupel, keine Titten." Dass die übertriebene Political Correctness auch vor ihrer TV-Arbeit nicht haltmacht, findet sie schade; denn bald darf Bibi Fellner im Fernsehen weder rauchen noch trinken.
Doch Adele ist froh, dass es im *Tatort* immerhin noch möglich ist, aktuelle zeitpolitische Themen anzusprechen. Sie erzählt von ihrem Partner Harald Krassnitzer, der politisch sehr engagiert ist und selbst aktuelle Plots an die DrehbuchautorInnen heranträgt. Vielleicht macht das einen Teil des Erfolgs des *Tatort* aus. So ist es noch nicht lange her, da waren Frauen ab 45 in der Film- und Fernsehwelt nicht mehr existent, zumindest nicht als Hauptfiguren. Wenn Schauspielerinnen keine attraktiven, jugendlichen Frauen mehr verkörpern konnten, hatten sie gefälligst diskret vom Bildschirm zu verschwinden. Adele dagegen beginnt ihre TV- und Filmkarriere genau in diesem Alter. Bilder von aktiven Frauen, die sich in der Öffentlichkeit auch jenseits der 45 behaupten und im Weltgeschehen mitmischen, sind mittlerweile etabliert und akzeptiert.

2015 stirbt Adeles Vater. Als Adele hört, dass er im Krankenhaus liegt, ist sie gerade auf Besuch bei ihrem Bruder Peter auf Mallorca. Josefina, ihre mallorquinische Schwägerin, pflückt auf der blühenden Insel

Lavendel und Rosmarin, und Adele bringt dem Vater diese Düfte ins kalte, noch winterliche Wien. Er stirbt mit einem Lavendelstrauß auf der Brust.
Sein letzter Wille ist, dass seine Asche auf Amorgos von einem bestimmten Felsen aus ins Meer gestreut wird, was rechtlich in Österreich nicht unproblematisch ist. Adele und ihr Bruder Alexander schmuggeln also die Urne über die Grenzen auf die Insel und erfüllen ihm so diesen letzten Wunsch. Sie weiß nicht, dass Alexander zu diesem Zeitpunkt bereits unheilbar krank ist.
Ein Jahr später stirbt Adeles Mutter. Ihre letzte Frage an die Tochter ist: „Adele, wo ist eigentlich dein Glück?“ Kurz danach stirbt auch Alexander an Leukämie. Obwohl Adele ihm Stammzellen spendet, unterliegt er seiner Krankheit. Neben ihrem anderen Bruder Peter ist ihr Sohn jetzt das letzte verbliebene Familienmitglied: Adam Pajzs, ein Jazzmusiker und Filmkomponist, der inzwischen selbst Vater ist. Gemeinsam gestalten sie Literatur- und Musikprogramme – Die Letzten ihrer Art von Douglas Adams und *Mythos* von Stephen Fry –, mit denen sie zusammen touren .

Lebenslust, Triumph, Tragödie sind in *Mythos*, Frys Nacherzählung griechischer Göttersagen, die beherrschenden Themen. Im *Mythos*-Epilog spricht Adele vom Chaos, aus dem die Welt entstand, und von der zerstörerischen Entropie als Maß der Unordnung, in die die Welt immer wieder zurückzufallen droht. Wenn nicht der Mensch ständig gegen dieses vorgesehene Schicksal ankämpft, enorme Energie hineinsteckt, in jedem Moment des Lebens, um das Chaos nicht zuzulassen, sich ihm zu entreißen, ihm kreative Vorgänge entgegenzustellen. Das Leben von Adele ist Ausdruck dieser Energie. Ein Ausdruck davon, was ein Mensch, in ein Chaos hineingeboren, für Möglichkeiten hat und auf sich nimmt, um es nicht die Oberhand gewinnen zu lassen.

ESRA ÖZMEN

Wir sind das Bauvolk der kommenden Welt.
Wir sind der Sämann, die Saat und das Feld.
Wir sind die Schnitter der kommenden Mahd.
Wir sind die Zukunft und wir sind die Tat.

Fritz Brügel – Die Arbeiter von Wien

Mit diesen Zeilen, skandiert von der türkischstämmigen Rapperin Esra Özmen, ihrem Bruder Enes und der Sängerin Mira Lu Kovacs mit Band, endet bei der Eröffnung der Wiener Festwochen im Mai 2018 das bekannte Wiener Arbeiterlied. Zuerst singt es Mira allein. Blond, in schickes Rot gekleidet, mit schöner, lyrischer Stimme, bemüht sie sich sensibel um eine zeitgemäße und politisch korrekte Interpretation, macht aus Arbeitern ArbeiterInnen, betont die Worte mit Betroffenheit. Dann kommt Esra: Mit explosiver, alles niederwälzender Energie rappt sie mit Enes auf Türkisch und Deutsch, erzählt von „Tschuschen", „Kanaken", über die neue Arbeiterklasse, die von der Öffentlichkeit noch gar nicht als solche wahrgenommen wird. Die Stimmung wechselt radikal: Die ZuschauerInnen, zunächst überrollt und unsicher, brechen in Jubelstürme aus. Fast 50.000 Menschen sind auf dem Rathausplatz versammelt und alle klatschen, brüllen vor Begeisterung.

Dieser Auftritt ist ein Meilenstein in Esras bisheriger Karriere, in ihrem Leben. Es macht die Wiener Rapperin mit türkischen Wurzeln künstlerisch gesellschaftsfähig, hebt ihre Lebenswelt auf die Höhe der Kunst. Ab da wird für sie vieles leichter, selbstverständlicher. Denn einfach hat sie es bisher noch nie gehabt.

Geboren wird sie im Wiener Gemeindebezirk Ottakring, in einer typischen Gastarbeiterwohnung – ein Zimmer, Küche, WC am Gang – im

Haus voller MigrantInnen, gestapelt in gleichen Wohnungen über-, unter- und nebeneinander. Eigentlich kann man sagen: Sie wächst mit anderen türkischen Kindern in dem kleinen Hof zwischen den Häusern auf, praktisch ohne Kontakt nach außen. Ihr Großvater kam als Bauarbeiter in den Sechzigern nach Wien, ihr Vater war damals erst neun Jahre alt. Heute arbeitet er als Dachdecker und repariert Gemeindebauten. Ihre Mutter kommt aus einer türkischen Nomadenfamilie. Zu Hause wird nur Türkisch gesprochen.

In der Grundschule wird Esra zum ersten Mal mit Deutsch als Alltagssprache konfrontiert; bis dahin kennt sie deren Klang nur von der Straße. Mit der Lehrerin kann sie nicht reden. Türkisch versteht diese nicht, und fehlende Deutschkenntnisse sind für sie ein Beweis für Dummheit, Faulheit und, schlimmer noch, die Weigerung, sich zu integrieren. Esra hat zu diesem Zeitpunkt noch keinerlei Ahnung, was „Integration" bedeutet. Es ist wie eine Schuld, die man nur loswird, wenn man möglichst schnell die deutsche Sprache lernt. Sie will das auch und ist bereit, hart dafür zu arbeiten. Aber wie?

Die Eltern können ihr nicht helfen. Die schriftlichen Mitteilungen der Lehrerin, die diese Esra mit nach Hause gibt, können sie nicht lesen. Mit anderen Kindern in der Schule und ihrem Wohnumfeld spricht sie nur Türkisch. Und eine Nachhilfe kommt aus finanziellen Gründen nicht infrage.. Die ständigen Ermahnungen der Lehrerin, die für Esras Zukunft „schwarzsieht" und ihr „Sitzenbleiben" prophezeit, werden zu einem Albtraum für das kleine Mädchen. Sie nimmt sie wörtlich und versteht sie als Drohung, in einem dunklen Keller eingesperrt zu werden, wo sie dann lange sitzen bleiben muss. Sie verkrampft sich immer mehr. Die Lehrerin empfiehlt dringend einen Wechsel in die Sonderschule, die Eltern folgen dem nicht, Esra kommt in die Hauptschule. Von 24 SchülerInnen in ihrer Klasse sind 23 MigrantInnen, davon 14 aus der Türkei und sechs aus Ex-Jugoslawien. Der einzige Österreicher verlässt nach einem Jahr die Schule. Und wieder bleiben Fortschritte in Deutsch aus. Der Vater will, dass sie „einen Kopf größer wird" als er selbst und maturiert. Das will sie unbedingt auch. Sie ist hartnäckig und an gutem Willen fehlt es ihr nicht; sie paukt wochenlang für jede Schularbeit.

Sie schafft den Wechsel auf ein Sportrealgymnasium. Jetzt ist sie die einzige Ausländerin in ihrer Klasse, die ansonsten überwiegend aus behüteten Kindern besser gestellter Familien besteht, das einzige Arbeiterkind. Sie weiß nicht, was Unterschicht oder Mittelschicht bedeutet, hat noch keine Ahnung von sozial-politischen Zuordnungen. Aber sie beobachtet mit Staunen das Verhalten ihrer MitschülerInnen. So war für sie Essen bisher ein Mittel, um satt zu werden. Während sie in der Pause bedenkenlos ihre dick belegten Sandwiches verzehrt, diskutieren die anderen SchülerInnen über Proteine, Vitamine und Fette, über vegetarische und vegane Lebensmittel; gesunde Ernährung ist bei ihnen Thema Nummer eins. Esra staunt, wie lange man über einen Apfel reden kann. Ähnlich bei der Kleidung: Auf dem Schulhof ist es ein Thema, ob das Material aus gesunder Baumwolle oder schädlichem Plastikmaterial besteht; welches saugt den Schweiß auf, welches schadet der Gesundheit? Sie selbst kennt sich nur mit angesagten Turnschuhmarken aus: Adidas, Nike, Puma.

Als sie dann einige ihrer Mitschülerinnen in deren Zuhause besucht, drei, vier Zimmer mit Terrassen, beginnt sie zu verstehen: Irgendwas ist bei ihnen anders, sie sind einfach anders. Das muss daran liegen, dass sie Österreicherinnen sind, denkt sie sich. Sie leben in einer ganz anderen Welt; wahrscheinlich sprechen sie deswegen auch eine andere Art von Deutsch.

Sie fällt wegen ihrer sprachlichen Defizite in der Schule durch, wiederholt das Schuljahr und bleibt wieder sitzen. Doch sie gibt nicht auf. Mit Hartnäckigkeit und Ausdauer lernt sie für Prüfungen und Tests ganze Kapitel aus ihren Schulbüchern auswendig. Wenn sie Fragen beantworten muss, spult sie das Auswendiggelernte herunter, ohne Zusammenhänge zu verstehen und den Sinn erklären zu können. Für ihre LehrerInnen wirkt das wie eine Unfähigkeit, logisch zu denken. Sie vermuten bei ihr eine psychische Störung oder ADHS – eine Aufmerksamkeitsdefizitstörung mit Hyperaktivität, woran vie-

le Schulkinder leiden. Sie raten ihr, das Gymnasium aufzugeben und eine „vernünftige“ Lehre zu machen. Manche seien einfach nicht für höhere Bildung geschaffen und somit überfordert, redet man ihr zu, das sei doch nicht so schlimm. Und die Matura bestehen? Da habe sie eh keine Chance. Esra gibt wieder nicht auf.
Später, als sie schon Raptexte schreibt, schildert sie diese Zeit in „Meine Welt“:

Ich hab gestrebt, gelernt, manchmal konnte ich nicht mehr
Ich hab gedacht, getan, meinte, das Leben ist ein Meer
Ich fühlte mich verloren, ich fühlte mich nicht mehr
Ab ins Wasser und endete wieder am Schwarzen Meer.

Sie beginnt, Gedichte zu schreiben; sie will das, was auf ihr lastet, was sie so stresst, beengt und unfrei macht und ihre Energien drosselt, benennen. Sie will ihre Gefühle und Gedanken, von denen sie so übervoll ist, irgendwie zum Ausdruck bringen. Sie ist eine schüchterne, eingeschüchterte Einzelgängerin. Nur wenn sie schreibt und sich dann ihre Gedichte selbst vorliest, dann hört sie die Stimme einer Freundin, der sie vertraut, von der sie verstanden wird. Das verschafft ihr Klarheit und Zuversicht.

Und dann passiert etwas, das ihr Leben radikal ändert. Sie lernt per Zufall eine Sozialarbeiterin aus dem Jugendverein *Back Bone 20* im 20. Wiener Gemeindebezirk kennen. Diese hilft ihr, das Gymnasium zu wechseln. In der neuen Schule sind ihre Sprachprobleme nichts Ungewöhnliches. Sie bekommt starke Unterstützung von LehrerInnen, wird von ihnen gefördert und gefordert. Und im *Back Bone 20* in Brigittenau gewinnt sie erstmalig Verbündete. Unten im Keller des Vereins gibt es ein Tonstudio, wo sich eine migrantische Rapszene trifft. Esra will dort ihre Gedichte vorlesen und aufnehmen lassen. Aber ein Freund überredet sie, die Texte lieber zu rappen, „weil sie mit Widerstand zu tun haben“. Staunend erlebt sie, wie die „Tschuschen“ und die „Kanaken“ offen über ihre Erfahrungen berichten, die auch die ihren sind, über ihr Viertel, die Einzimmerwohnungen. Plötzlich

ist sie mit ihren Problemen nicht mehr allein und ihr, wie sie dachte, persönliches Versagen wird zu etwas Größerem, Politischem. Die anarchischen Raptexte, die sich nicht um Grammatik scheren, sondern nur um die Vermittlung von Botschaften, *Messages*, in denen es keine Sünde ist, Deutsch mit Türkisch zu vermischen, lösen ihren Krampf, vertreiben ihre Angst vor der Sprache, vor Deutsch.
Das Deutsch, das sie kann, hat sie nicht in der Schule, sondern auf der Straße gelernt. Kein Wort konnte sie bis dahin mit ÖsterreicherInnen wechseln, ohne vermittelt zu bekommen, dass sie Fehler macht, dass sie es nicht kann. Jetzt bekommt sie bei ihren Rapauftritten viel Zuspruch, Applaus und Unterstützung. Das steigert ihr Selbstwertgefühl. Und so schafft sie letztlich auch eine richtig gute Matura, mit vielen Einsern im Zeugnis.

Als Erste in der Familie zu maturieren, ist ein großer Moment. Jetzt darf ihr Vater hoffen, dass seine Tochter mal Ärztin oder Anwältin wird. Sie inskribiert Jus und rappt weiter. Dann trifft sie nach einer Podiumsdiskussion Petja Dimitrova, die Künstlerin, Aktivistin und Dozentin an der Akademie der bildenden Künste in Wien ist. Wieder ein großer Moment. Petja zeigt Esra die Akademie und rät ihr, sich um einen Studienplatz zu bewerben, mit einem Portfolio aus Texten und Videos. Esra wird an der Akademie angenommen, nimmt an Gesprächen und Debatten zu aktuellen sozialpolitischen Fragen teil. Man diskutiert über Demokratiemüdigkeit, Ambivalenz von Sexismus und Feminismus, über Identität in der Krise, die Gefahr der selektiven kulturellen Aneignung, über transformative Zugänge, Repräsentation, Relevanz, Verhaltensnormen, institutionelle Verantwortung, emanzipatorische und strukturelle Ebenen.
Sie versteht kein einziges Wort. Diese Begriffe sind ihr fremd und auch das, was sie transportieren. Hinzu kommt: Sie kann weder mit den Kunstwerken der Studierenden etwas anfangen, „viele nackte Körper", noch mit ihren „Performances", die für sie eher verrückt wirken. Und ihr Straßendeutsch mit seinem beschränkten Wortschatz eignet sich nicht für einen differenzierten Austausch mit ihren intellektuellen KommilitonInnen. Die Geschichte scheint sich für Esra zu

wiederholen, sie ist kurz davor zu resignieren. Aber dann fällt ihr ein Unterschied auf, der alles ändert. Sie merkt, dass sie weder ermahnt, noch abgelehnt oder verspottet wird – im Gegenteil. Die KommilitonInnen aus ihrer kleinen Studiengruppe, im Kern um die 30 Leute, geben ihr das Gefühl, dass sie willkommen ist, dass alle sie „cool" finden. Wenn sie bis dahin überhaupt Lob erlebt hat, dann immer nur mit Einschränkungen: „Esra, du bist hübsch, *aber* ziehe dich bitte weiblicher an", „Esra, du bist begabt, *aber* gib dir bitte mehr Mühe." Zum ersten Mal in ihrem Leben sagt man ihr etwas ohne ABER: Du bist cool, so wie du bist. Punkt. Ohne Einschränkung. Und dieses „Punkt-Gefühl" ist für sie unglaublich motivierend, schön und wichtig. Obwohl sie weiterhin sprachlich wenig versteht. Ihre Gruppe findet das nicht schlimm. Sie soll kommen, einfach dabei sein, das Verstehen wird sich schon einstellen.

Fast zwei Jahre ist sie dabei. Sie beobachtet ihre Umgebung, findet alles ziemlich spannend, hört zu, aber sie versteht nicht viel. Bis zu diesem einen Tag. Sie kann sich an den Moment noch sehr gut erinnern. Es war, „als ob das Licht angeknipst worden wäre", sagt sie heute. Als ob die ganze Zeit davor der Strom fehlte, das Licht aus war und plötzlich – wird es hell. Alle abstrakten Begriffe docken jetzt an ihre Erfahrungen an, verbinden sich perfekt mit ihren Gefühlen, füllen sich mit Leben, offenbaren ihre Vernetzungen. Sie versteht auf einmal mit all ihren Sinnen, was Rassismus oder Feminismus ist. Ein wunderbares, einmaliges Gefühl, eine Art Erweckungserlebnis.

Jetzt kann sie sich endlich mit den Fragen, die ihre Gruppe so oft diskutiert, auseinandersetzen, sie ins Verhältnis zu ihrer Lebenswirklichkeit stellen, eine eigene Haltung dazu entwickeln. Einfach ist das nicht. Da ist beispielweise die Sache mit der Integration. Esra hat jahrelang gedacht, Integration sei etwas Positives, etwas, das alle wie sie unbedingt anstreben sollten. An der Akademie besucht sie eine Vorlesung mit dem Titel „Integriert uns am Arsch!", und sie erfährt zum ersten Mal, dass Integration auch etwas Zweifelhaftes sein kann, weil sie Hegemonie bedeutet. Doch sie lässt sich nicht irritieren; mit ihrem neu gewonnenen politischen Bewusstsein, ihrer „Politisierung", wie sie es nennt, folgt sie ihren eigenen Spuren und arbeitet konsequent ihr Leben auf. Das spiegelt sich auch in ihren Raptexten wider. Wie in dem Song „Da Boss", den EsRAP mit der Metal-Balkanbeats-Band Gasmac Gilmore kreiert:

Ich lebe Feminismus, wie ich leben will (eyvallah)
Man mischt euren Bullshit nicht in Rap (eyvallah)
Weil Rap immer frei von Grenzen lebt (eyvallah)
(...) Mal der Boss, mal der Gang, bin das und jenes
Verhalte mich nicht nach euren Manieren
Setz meine Norm und werte selbst.

EsRAP – das sind sie und ihr jüngerer Bruder Enes, der gleichzeitig ihr zuverlässigster Partner und bester Freund ist. Die beiden haben im Jugendzentrum im 20. Bezirk ihre ersten Auftritte: Sommerfest, Winterfest, Parkfest, danach einen Auftritt beim Donauinselfest. Immer gemischtsprachig: Türkisch und Deutsch. Enes singt wie schon früher bei den Familienfeiern, er hat eine tolle Stimme, und Esra rappt – eine für das Genre ungewöhnliche Geschlechterkonstellation. Und sie kombinieren Arabeske mit Rap. Mit Arabeske, der orientalischen Musik, sind die beiden aufgewachsen; ihr Vater legte jeden Abend Müslüm Gürses auf und sie haben alle gemeinsam zugehört. In dieser Musik der Arbeiterklasse geht es um das Leiden. Man leidet auch dann, wenn man nicht weiß, woran, Hauptsache, man leidet gemeinsam. Arabeske ist auch Esras Jugendmusik. Als 16-Jährige sitzt sie mit anderen Jugendlichen stundenlang an der Donau und hört sich Arabesken aus dem Handylautsprecher an: „Mitten in einer Horrorwelt feierten wir Trauer." Laut Esra ist Türkisch wie geschaffen für Arabeske; reich an Metaphern und spielerisch, im Klang weich und melancholisch.

Deutsch dagegen empfindet sie als hart und direkt; ein gutes Stilmittel, wenn sie Härte braucht und zeigen will. Ihre Raptexte handeln von Migration, von Anfeindungen wegen ihrer Wurzeln, von Diskriminierung, von ihren Kämpfen um ein anderes Bildungssystem, von der Regierung und ihrer Politik. Dafür eignet sich die deutsche Sprache hervorragend. „In der Arabeske haben wir gespürt, dass wir leiden. Und im Rap haben wir herausgefunden, warum wir leiden", bringt Esra es auf den Punkt.

2016 absolviert sie ein Studium im Fachbereich Konzeptuelle Kunst an der Akademie der bildenden Künste in Wien. Das Thema ihrer Abschlussarbeit lautet „Rap als Widerstand – Migration, Bildung und Freiheit". Ein Jahr später bekommt sie den Österreichischen Frauenring-Preis für ihren künstlerischen Einsatz gegen Diskriminierung und Marginalisierung. Jetzt strebt sie ein Doktorat zum Thema Rap und Gentrifizierung in Wien an.

EsRAP ist inzwischen überregional bekannt, auch außerhalb der Szene. Neben regelmäßigen Auftritten überall in Österreich werden Esra und Enes auch immer wieder nach Berlin, Hamburg und in den Ruhrpott eingeladen. Ihre Auftritte sorgen für öffentliche Aufmerksamkeit, weil sie, oft provokant, unterschiedliche Welten zusammenbringen und gängige Tabus durchbrechen. Wie beim Ball der Wissenschaften 2019 im Wiener Rathaus, wo 3600 Gäste, darunter geladene Prominenz aus Wissenschaft und Politik, mit der Welt des türkisch-österreichischen Rapduos konfrontiert werden. Und mit der Urgewalt Esra, die die gängigen weiblichen Klischees ad absurdum führt. Die YouTube-Videos von diesem Ball zeigen, wie elegante Menschen in Ballkleidung von der enormen EsRAP-Energie angesteckt werden und versuchen, wenn auch etwas unbeholfen, zum Rap zu tanzen: ein herrlicher Einblick in die Vielfalt der unterschiedlichen Gesichter von Wien.
Esra weist immer wieder darauf hin, dass „ihre Leute", wie sie es sagt, auch zu Wien gehören. Aber nicht so, wie es ihr aus der Türkei eingewanderter Großvater verstand, der in der Straßenbahn aufsprang, sobald Einheimische einen Platz suchten. Sie will echte Begegnungen, die beide Seiten bereichern. Deswegen nimmt sie ihre konservativ-muslimisch aufgewachsenen FreundInnen zu Performances an der

Kunstakademie mit, setzt sich mit ihnen über die Kunst auseinander. Und Esra versucht auch, in ihrem Leben gesellschaftliche Widersprüche auszuhalten, sie zu vereinen. So geht sie selbstverständlich in die Moschee, genauso aber auch zu linken Demonstrationen.

Nach vielen nur auf digitalen Plattformen veröffentlichten Tracks erscheint im Juni 2019, zehn Jahre nach dem ersten gemeinsamen Auftritt von Esra und Enes im Jugendzentrum *Back Bone 20*, das EsRAP-Debütalbum *Tschuschistan* beim Berliner Label Springstoff. Unterstützt durch die Netzwerke der Kunstakademie feiern die beiden in dieser Zeit viele Erfolge: Auftritte bei Popfesten (2018, 2019) und zwei Jahre hintereinander Teilnahme an der Eröffnung der Wiener Festwochen. Nach dem Erfolg vom Vorjahr mit „Die Arbeiter von Wien" jubeln 2019 die auf dem Rathausplatz versammelten ZuschauerInnen, noch bevor Esra und Enes die Bühne betreten; eine begeisterte, fast euphorische Stimmung. Enes singt mit seiner schönen, feinfühligen Stimme ohrwurmtauglich über den ewigen Ausländer, über den „Tschuschen", und das Publikum jubelt. Dann springt Esra auf die Bühne und zerschneidet mit ihren harten, schnellen Reimen die runden Melodien ihres Bruders:

Österreich bildet fein uns zu TSCHUSCHEN aus,
Rassismus hat man auch in Gesten und Blicken drauf,
Versteckt im System, damit es keiner checkt,
Sprache als Macht, Integration-Paket.

Es ist ein äußerst spannendes Spiel, das die Geschwister da treiben. Sie nehmen die gewohnten geschlechtlichen Zuschreibungen auseinander und setzen sie auf eine raffinierte Art wieder schräg zusammen. Esra ist eine hübsche junge Frau, durch ihre Energie, Gestik und Härte wirkt sie auf der Bühne aber wie ein jugendlicher, von Testosteron gesteuerter Halbstarker, wie die Quintessenz eines türkischen Rappers. Und Enes mit seiner männlichen Präsenz, aber sensibel und wohldosiert, appelliert an die menschlichen Gefühle, verteidigt die Seele, wie man es eher von Frauen erwarten würde. Zwischendurch breitet Esra auf der Bühne ihre Arme aus und ruft: „Meine Tschuschen, meine Kanaken, meine Leute!" Dann rappt sie weiter:

Sie wollen uns loshaben, wir tun es schon (...)
Wer bleibt nun mit denen noch hier?
Alles beginnt nochmal mit dir! (...)
Wir gehen nach Tschuschistan!

Esra erklärt: „Tschuschen", früher die beleidigende Bezeichnung für Ex-JugoslawInnen, hat sich später auch auf „Kanaken", türkische GastarbeiterInnen, ausgeweitet und dann auf alle MigrantInnen, die sich mittlerweile selbst ironisch so nennen. Sie geht in die Offensive und deutet den Begriff „Tschusch" positiv um. Als identitätsstiftende Zuordnung.

Sie fühlt sich in Österreich, obwohl hier geboren, immer noch nicht vollends zu Hause, wird hier immer noch als Nicht-Dazugehörende angesehen. Aber auch in der Türkei fühlt sie sich fremd; man nennt sie dort „die Österreicherin". Also ruft sie das „Land der Tschuschen" aus – „Tschuschistan", für all die, die am Schnittpunkt der Kulturen leben. „Tschuschistan" ist „überall dort, wo Diaspora zu Hause ist". Es ist eine Utopie. Für Esra liegt es in Ottakring; sie kennt dort jede einzelne Straße, jede Ecke und Gasse, jedes Café, alle sozialen Codes. Ottakring ist „bunt, authentisch und ehrlich", dort fühlt sie sich am ehesten zu Hause, es ist ihre Heimat, mit eigenen Gesetzen und Werten. Und dort kann sie ihr ihr selbst so wichtiges Anliegen umsetzen: die Vermittlung ihrer Erfahrungen an die migrantische Jugend.

Esra ist fest davon überzeugt: Nur durch Zufall ist sie nicht zum Opfer des österreichischen Bildungssystems geworden, das in ihren Augen migrantInnenfeindlich und aussortierend ist. Damit legt sie ihren Finger in eine Wunde, die von immer mehr Menschen aus dem Bildungssektor als dringend behandlungswürdig betrachtet wird. Lernen muss neu definiert werden. Neue, zukunftsrelevante Curricula und neue pädagogische Ansätze, die besser die neue Zusammensetzung der Gesellschaft widerspiegeln, müssen her.

Esra will ihren Teil dazu beitragen, engagiert sich seit ihrem ersten Kontakt mit *Back Bone 20* intensiv in der Jugend- und Migrationsarbeit. Sie gibt Rapworkshops, die auch bei Älteren sehr populär sind; die älteste Teilnehmerin ist 80. Vor allem aber arbeitet sie mit SchülerInnen. Sie weiß, wie schwierig es MigrantInnenkinder haben, sich in der Schule zu behaupten, wie verletzbar und unsicher sie sind, wie leicht sie verzweifeln und demotiviert werden. Und wie wichtig es ist, einen richtigen Zugang zur deutschen Sprache zu bekommen, deren korrektes Erlernen für viele schlicht nicht möglich ist, zu groß ist die Hürde im Elternhaus und im Klassenverband. Sie will Kindern „die Macht der Worte" erklären, Neugier und Begeisterung dafür wecken. In ihren Workshops geht es ihr gar nicht so sehr um Rap. Die Teilnehmenden sollen selbstbewusster und selbstsicherer werden, Esra will sie „politisieren", damit sie die großen Zusammenhänge begreifen. Sie will sie vom Gefühl der ewigen, undefinierten Schuld befreien, sie lehren, ihre Probleme und Emotionen auszudrücken und sie miteinander zu teilen. Vor allem aber versucht sie, ihnen Zuspruch und Vertrauen zu vermitteln. Nachdem sie erfahren hat, dass viele Kinder als höchsten sozialen „Aufstieg" Berufe wie Lagerarbeiter, FriseurIn oder TaxifahrerIn ansehen, will sie ihnen auch das Träumen beibringen.

In Ihrer Großfamilie haben jetzt fast alle jungen Frauen, nach ihrem Vorbild, Abitur gemacht; das rechnet sich Esra als Erfolg an. Sie haben aber meistens noch nicht den Mut, eigene Lebensziele zu definieren und zu verfolgen, genug Selbstbewusstsein zu entwickeln. Allzu oft konzentrieren sie sich primär auf das traditionelle Schönheitsideal einer türkischen Frau, denken schon mit 18 an kosmetische OPs. „Für sie ist ihre Schönheit das kostbarste Gut, die kostbarste Ware, deren Verlust sie völlig wertlos macht", schüttelt sie den Kopf. Natürlich haben es Frauen in der muslimischen, männlich dominierten Kultur besonders schwer, aber Esra ist überzeugt, dass jede es schaffen kann, wenn sie erst mal ihr Ziel für sich definiert hat und es hartnäckig verfolgt.

Sie versucht, sie darin zu unterstützen, erzählt ihnen von ihrer eigenen Schüchternheit als Schülerin und ihrem Weg zu Souveränität und Courage. Wie sie als Zwölfjährige unbedingt im Schulmusical mitspielen will, aber nicht den Mut hat, ihren Wunsch zu äußern. Sie stiehlt sich heimlich zu den Proben, träumt davon, eine Rolle auf der Bühne zu verkörpern, jemand anderer zu werden, frei zu werden. Sie tut aber nichts dafür, glaubt nicht an die eigene Wirksamkeit. Erst als sie dann im Jugendzentrum rappt, wird ihr bewusst, dass nur sie allein für die Erfüllung ihrer Träume verantwortlich ist, nur sie allein die Hindernisse beseitigen und ihr Ziel durchboxen kann. Und sie schafft es. Auch bei ihrer Familie, die sie später auf ihrem Lebensweg stark unterstützt; sogar ihr Großvater tut das, mit seinen konservativen Freunden aus der Moschee.

Gefragt, ob sie eine Feministin sei, schüttelt sie den Kopf. Dieser Begriff ist für sie merkwürdig besetzt; er beengt sie. Programme und Belehrungen – wie sie sich zu verhalten hat, was sie fühlen oder denken soll – lehnt sie prinzipiell ab, egal, aus welcher ideologischen Richtung sie kommen. Auch die von Frauen, die es gut mit ihr meinen. Sie möchte so leben, wie sie es für richtig hält, ohne sich nach angesagten, ohnehin ständig wechselnden Trends zu richten. Sie glaubt fest daran, dass sie mit ihrer persönlichen Stärke und Konsequenz sehr viel erreichen und verändern kann, nicht nur bei sich selbst, sondern auch bei ihren „Tschuschen".
Und diese glauben auch daran: Sie sehen Esra im Fernseher, sie lesen über sie in den Zeitungen und merken – eine von ihnen hat es geschafft. Als sie anfing zu rappen, waren ihre Familie und FreundInnen zuerst skeptisch: „Sie ist ein Mädchen, sie wird eh heiraten, sie soll das Rappen ihrem Bruder überlassen." Geheiratet hat stattdessen ihr Bruder.

Heute ist Esra eine Berühmtheit in Ottakring. Die türkischen Großmütter vom Brunnenmarkt sprechen sie an, sie möge doch über ihre Lebensgeschichten rappen, sie in Reimen der Öffentlichkeit erzählen. Und die Eltern der Workshop-Kinder bitten sie bei allen

möglichen Problemen um Rat; beim Umgang mit den Schulbehörden, ÄrztInnen, Ämtern, beim Ausfüllen irgendwelcher Formulare. „Mein Mann ist krank und er verdient kein Geld mehr. Was soll ich machen?“ Viele wollen, dass sie als Brücke zu den österreichischen Politikern agiert, als ihr Sprachrohr: „Esra, sag doch bitte dem Bundeskanzler …“
In die Politik will sie aber nicht gehen. Zumindest jetzt noch nicht. Sie glaubt nicht daran, dort wirklich etwas für die Menschen bewirken zu können. Sie würde sehr gern ihren Leuten helfen, für sie kämpfen, vermitteln. Denn mittlerweile kennt sie sich in beiden Welten aus. Aber dann müsste sie doch „nur Hände schütteln, Kompromisse machen, immer größere“, bis von ihr und ihren Zielen „nichts mehr übrig bleibt“. Jetzt will sie in jedem Fall noch paar Jahre rappen. Danach, wer weiß …?

Bei ihrem letzten Auftritt am Rathausplatz bei den Wiener Festwochen kündigt sie an: „Wir machen Wien zu was Besserem, das verspreche ich euch.“ Und dann rappt sie ins Publikum: „Alles beginnt nochmal mit dir! Sind wieder da, am Startpedal, wir geben Gas.“

HELGA RABL-STADLER

Nur eines möchte ich nicht: dass du mich fliehst.
Ich will dich hören, selbst wenn du nur klagst.
Denn wenn du taub wärst, braucht ich, was du sagst
Und wenn du stumm wärst, braucht ich, was du siehst
Und wenn du blind wärst, möchte ich dich doch sehn.
Du bist mir beigesellt, als meine Wacht:
Der lange Weg ist noch nicht halb verbracht
Bedenk das Dunkel, in dem wir noch stehn!
So gilt kein „Lass mich, denn ich bin verwundet!"
So gilt kein „Irgendwo" und nur ein „Hier"
Der Dienst wird nicht gestrichen, nur gestundet.
Du weißt es: wer gebraucht wird, ist nicht frei.
Ich aber brauche dich, wie's immer sei
Ich sage ich und könnt auch sagen wir.

Bertolt Brecht – Sonett Nr. 19

Peter Zadek, der legendäre Theaterregisseur, machte bei seinen Proben zu *Der Widerspenstigen Zähmung* 1981 die kolportierte Bemerkung: „Jetzt ist der Kurt völlig verrückt geworden. Er lässt kleine Mädchen inszenieren." Er meinte Kurt Hübner, den Intendanten der Freien Volksbühne Berlin. Und das „kleine Mädchen" war Andrea Breth, damals um die 30, noch vor ihrem großen Durchbruch, aber bereits mit beachtlicher Inszenierungserfahrung.

Dieser Ton gegenüber Frauen, die sich in traditionelle Männerdomänen wagen, war bei Weitem keine Ausnahme und hielt noch lange an. Ende der Neunzigerjahre nannte der Intendant der Salzburger Festspiele Gerard Mortier die Präsidentin „diese Dirndlverkäuferin aus der Getreidegasse". Schauspielchef Frank Baumbauer legt in einem Interview mit der *Süddeutschen Zeitung* noch eins drauf: Sie sei zwar liebeswert und nett, aber „so blöd, dass es kaum auszuhalten ist“.

Dass Helga Rabl-Stadler zu diesem Zeitpunkt bereits auf eine beeindruckende Karriere als Unternehmerin, Journalistin und Politikerin zurückblicken kann, ist für die Herren anscheinend irrelevant. Auch, dass sie als Präsidentin der Wirtschaftskammer Salzburg eine Organisation mit 250 MitarbeiterInnen und dem dreifachen Budget der Festspiele leitet und sowohl Management wie Marketing gut beherrscht. „Das habe ich überhaupt nicht verstanden“, sagt sie heute, „warum Künstlerpersönlichkeiten von Mortier bis Flimm immer so beleidigt waren, als ich auf Augenhöhe mitentscheiden wollte. Ich habe dann versucht, mich immer kleiner zu machen, weniger Interviews zu geben.“ Das hilft natürlich nichts. Eine Frau in dieser Position, ob Künstlerin oder Managerin, ist für die Herrenriege per se eine Zumutung. Die maßgebenden, vom Großfeuilleton so geliebten und beförderten Theatergötter, die sich selbst als Genies feiern lassen oder zumindest bekennende Geniekult-Gläubige sind, haben auf ihrem Olymp a priori nur Männer vorgesehen und jahrzehntelang auch nur zugelassen. So jemand wie Helga, mit ihrem bodenständigen Pragmatismus und ihrer gnadenlosen Direktheit, passt in diese Welt einfach nicht hinein.

Als Kind ahnt sie noch nicht, was das Leben so alles für sie bereithält. In ihrem Elternhaus in Salzburg sind Mädchen genauso viel wert wie Buben. Zwischen ihr und ihrem Bruder, später kommt dazu noch eine neun Jahre jüngere Schwester, wird kein Unterschied gemacht. Ihre Mutter ist eine anerkannte Geschäftsfrau, hat das größte Modehaus in Westösterreich aufgebaut, ihr Stiefvater, den sie lange für ihren leiblichen Vater hält, betreibt ein Sägewerk. Ihr Bruder wird später Banker, ihre Schwester Architektin.

Helga muss zu Hause nie etwas beweisen. Sie fühlt sich auch keinem Druck ausgesetzt, irgendwelchen Erwartungen gerecht zu werden. Leistung wird nicht gefordert, sondern als etwas Schönes, Erfüllen-

des angesehen. Für Elternabende, den Austausch mit LehrerInnen, hat ihre Mutter selten Zeit, so ist Helga für ihre Noten selbst verantwortlich. Doch die Familie hält eng zusammen, für sie ist es eine sehr glückliche Kindheit. Was sie zu Hause lernt und erfährt, prägt ihr späteres Leben. So ist jeder Mensch gleich wertvoll, wenn er nur etwas leistet, und ein fauler Universitätsprofessor verdient weniger Respekt als ein guter Tischler. Das befördert ihre Freude, auf andere Menschen zuzugehen, sich ihnen zu öffnen, Kontakte zu suchen. Später, als Präsidentin der Salzburger Festspiele, gewinnt sie dadurch schnell das Vertrauen ihrer MitarbeiterInnen, auch ihrer TechnikerInnen und HandwerkerInnen, die sie oft in ihren Werkstätten besucht. „Niemand, mit dem sie arbeitet, ist ihr egal", sagt ihr Bruder Wilfried Stadler in einem Interview mit *Trend*. „Sie redet mit dem Portier im Festspielhaus ebenso wie mit Cecilia Bartoli."
Sie empfindet sich selbst als begeisterte lebenslang Lernende. Sie sagt heute: „Für mich ist Lernen keine unverdiente Last des Schicksals. Für mich ist es der Schlüssel zu einem sinnerfüllten Leben."

Nur Helgas starker Gerechtigkeitssinn irritiert ihre Mutter häufiger. Sie bezeichnet ihre Tochter als „Gerechtigkeitsfanatikerin", scherzt, dass sie mal eine Gewerkschaftssekretärin werde, weil sie immer für die Entrechteten eintritt. „Das war von ihr als Unternehmerin aber sicher kein Kompliment", lacht Helga, „ganz im Gegenteil." Was sie aber nicht davon abhält, Sachverhalte immer aus mehreren Perspektiven zu sehen, sich mehrere Meinungen anzuhören, in Relation zu setzen. Sie liest gerne unterschiedliche Zeitungen und staunt über deren „meinungsmachenden" Einfluss.

Mit 14 entscheidet sie sich, Journalistin zu werden. Ihre Eltern sind davon nicht begeistert; es ist für sie ein „unseriöser Beruf". Also beginnt sie, Jura zu studieren, um ihrem späteren Leben „eine seriöse Grundlage" zu geben. Die Salzburger Uni ist klein und das ermöglicht es ihr, persönlichen Kontakt zu ihren ProfessorInnen zu pflegen. Sie bekommt einen guten Überblick über das Rechtswesen, lernt auch sehr früh, dass Recht nicht unbedingt Gerechtigkeit bedeutet, „denn es muss den Buchstaben des Gesetzes folgen, und die sind oft nicht sehr gerecht".

Helga verliebt sich immer in das, was sie gerade macht. Sie kann sich also bald durchaus vorstellen, statt Journalismus Jura zu ihrem Beruf zu machen und nach dem Abschluss ihres Studiums in einer Rechtsanwaltskanzlei zu arbeiten. Für eine junge Frau ist es aber Anfang der Siebziger so gut wie unmöglich, eine entsprechende Stelle zu bekommen; die großen Kanzleien beschäftigen ausschließlich Männer. Sie kommt also wieder auf ihre Journalismus-Idee zurück.

Mit 21 nimmt ihr Leben eine entscheidende Wende. Sie erfährt, dass ihr Vater nicht der Holzhändler Wilfried Stadler ist, sondern Gerhard Angelo Roman „Gerd" Bacher, „der Tiger" genannt, für viele Jahrzehnte einer der wichtigste Medienmänner Österreichs, Herausgeber mehrerer Zeitungen, vor allem aber ORF-Tycoon. Er gilt als Machtmensch, wird später Medienberater von Helmut Kohl. Seine Ehe mit Helgas Mutter dauerte nur kurz, die Tochter soll erst volljährig von ihm erfahren, so verabreden es die Eltern, was auch dem Stiefvater recht ist. Diese Enthüllung stürzt die junge Frau in eine Identitätskrise. Ein Jahr lang ist sie mit der Frage beschäftigt, wer sie eigentlich ist. Aber tatsächlich erweist sich der leibliche Vater für sie als „Riesenglück". Beim ersten Treffen in Fuschl ist es „Liebe auf den ersten Blick", wie sie später einmal sagt. Beiderseitig: Er ist sehr stolz auf die neu gewonnene Tochter, schreibt an sie: „Weißt du, wie wir in Fuschl neu geboren wurden?" Helga denkt, dass „er sich sicher auch in sein eigenes Spiegelbild verliebt hat, in dieses junge Wesen, das ihm so ähnlich war". Die Ähnlichkeit zwischen Vater und Tochter fällt allen auf; in ihrem rhetorischen Talent bei öffentlichen Auftritten, ihrer Formulierungsschärfe, sogar in ihren Handbewegungen. „Es war schon irritierend", lacht Helga. „Für meine Generation galt, dass der Mensch ein Produkt der Umwelt und Erziehung ist, Erbanlagen sollten eine untergeordnete Rolle spielen. Unsere Geschichte passte in diese Ideologie so gar nicht rein."

„Der Gerd", wie Helga ihren Vater nennt, gibt ihr alles, was ihr das Elternhaus zuvor nicht gab. Vor allem ein „ungeheures Selbstbewusstsein". „Wir fühlten uns zu Hause geliebt, wurden aber nicht selbstsicher erzogen, nie gelobt", sagt sie. Von Bacher dagegen wird sie ständig gelobt, er gibt ihr das Gefühl, dass sie alles schafft, wenn sie es will, sie muss nur wissen, was sie will. Er gibt ihr viele kluge Sprüche mit, die sie ihr Leben lang begleiten wie kleine Wegweiser. „Zweitklassige Chefs umgeben sich mit drittklassigen Mitarbeitern, erstklassige hingegen mit erstklassigen" gehört dazu, oder: „Nicht aufhören, wenn es am schönsten ist, sondern weitermachen."

Nach ihrem Studium ist sie zunächst in der Lehrredaktion der *Presse*, dann bei der *Wochenpresse* und ab 1974 bei der Wiener Tageszeitung *Kurier* als Journalistin für Wirtschafts- und Innenpolitik tätig. Sie verfasst dort als erste Frau innenpolitische Kolumnen. Das tut sie leidenschaftlich gern, sie glaubt sich jetzt am richtigen Platz. Sie lernt Peter Rabl kennen, den *Kurier*-Chefredakteur, die beiden heiraten und bekommen zwei Söhne. Alles scheint sich wunderbar zu fügen. Dann aber bittet Helgas Mutter sie eindringlich, ihr Modehaus *Resmann* in Salzburg zu übernehmen. Helga ist zu diesem Zeitpunkt eine begeisterte und erfolgreiche Journalistin, sie lebt mit ihrer Familie in Wien. Trotzdem fühlt sie sich verpflichtet, das Lebenswerk der Mutter zu sichern. Sie gibt also ihre Stelle beim *Kurier* widerstrebend auf, geht zurück nach Salzburg und steigt in die Modebranche ein.
Und wieder hilft ihr ihre ungewöhnliche Fähigkeit, das zu mögen, was sie gerade tut. Schnell gewinnt sie Freude an der Auswahl von Stoffen und Schnitten, am Umgang mit KundInnen, und sie positioniert das Modehaus in ihrer Heimatstadt neu. Sie hat hier enorme Netzwerke. Ihre Fähigkeit, sowohl bei anderen UnternehmerInnen wie auch bei ihren KundInnen immer den richtigen Ton zu treffen, hilft ihr dabei.

Anfang der Achtziger setzt sich langsam auch in konservativen Kreisen die Erkenntnis durch, dass für bestimmte Positionen Frauen berücksichtigt werden sollten, wenn auch mit Vorsicht, kontrolliert und bevorzugt für repräsentative Stellen. Helga erzählt, dass man diese Frauen wie „Grünpflanzen am Rednerpult" behandelte, „die schmücken und niemandem wehtun". Eine Frau pro Gremium sei doch durchaus sinnvoll, heißt jetzt die Ansage, und von drei Vizepräsidenten solle jetzt einer weiblich sein. Da bleiben dann ja noch immer zwei Männer für die Kontrolle. Einer der Pioniere, der sich auf die Suche nach entsprechenden Frauen begibt, ist der mächtige Präsident der Wirtschaftskammer, Rudolf Sallinger. Neben Anton Benya, damals Präsident des Österreichischen Gewerkschaftsbundes, ist er der wichtigste Sozialpartner, und tatsächlich regieren die beiden quasi parallel zum Parlament. Sallinger hat bereits die niederösterreichische Unternehmerin Ingrid Tichy-Schreder für die Politik gewonnen, jetzt kommt er auf Helga zu. Da die Hälfte der österreichischen UnternehmerInnen weiblich sei, argumentiert er klug, sollten Frauen auch Einfluss auf die Gestaltung der wirtschaftlichen Bedingungen bekommen, sie mitgestalten dürfen. Er fragt, ob sie in den Nationalrat wolle. Sie antwortet: „Ja, Ehre, Freude, Auszeichnung!" Ihr Mann rät ihr auch dazu: „Das bist doch du!" Helga findet das von ihm sehr großzügig. Und auch aufopferungsvoll, denn für einen unabhängigen Journalisten wie ihn ist es nicht unproblematisch, eine Frau zu haben, die für eine Partei im Parlament sitzt. „Und in Wahrheit ist daran dann auch unsere Ehe gescheitert, dieser ständige Kampf", weiß sie jetzt. „Ich bin zum Beispiel für Waldheim in den Wahlkampf gezogen und er hat Waldheim im Fernsehen als Lügner bezeichnet. Ja, wir zwei haben schon damit umgehen können, aber unser Umfeld nicht." Hinzu kommt noch die räumliche Trennung, ihr Mann ist in Wien geblieben, sie pendelt als Abgeordnete zwischen dem Wohnsitz in Salzburg und dem Parlament in Wien, die Familie sieht sich nur an den Wochenenden. Für Helga ist es eine unglaublich intensive Zeit. „Ich verstehe heute gar nicht, wie ich es damals geschafft habe", staunt sie, „im Parlament zu sitzen, als Frau, als Unternehmerin mit kleinen Kindern. Ich habe stark abgenommen, jede Minute war verplant."

Sie wird zu dieser Zeit oft gefragt, ob sie auch etwas für sich tut. Diese Frage versteht sie nicht: „Ich war ja glücklich mit dem, was ich tat. Ich war glücklich, dass ich zwei Kinder hatte. Ich war glücklich, dass das

Geschäft so gut lief. Und ich war glücklich, dass ich es ins Parlament geschafft hatte. Ich hatte keinen Anlass, mich ständig zu fragen, ob der Preis dafür zu hoch ist." Heute weiß sie, dass der Preis ihre Ehe war. Erst am Rande einer Ehrung im Jahr 2021 spricht sie darüber mit ihrem Ex-Mann. Beide halten es damals für selbstverständlich, ihre Karrieren zu verfolgen, er als Journalist, sie als Politikerin und Geschäftsfrau. Und beide investieren zu wenig Zeit in ihre Ehe. Heute weiß sie, dass das ein großer Fehler war, denn „für das Private muss man auch etwas tun".

Im Parlament trägt Helga ihre innovativen Ideen vor: zu flexiblen Arbeitszeiten, „damit die Frauen einen Fuß in der Tür behalten und nicht ganz zu Hause bleiben", zur Liberalisierung der Ladenöffnungszeiten. Es ist 1983, in Wien regiert eine rot-blaue Koalition. Sie ist als ÖVP-Vertreterin in der Opposition. „Das kann sich niemand vorstellen, der noch nie in einem Parlament gesessen ist. Wenn du in der Opposition bist, hast du bei jeder Rede die Mehrheit der Menschen im Saal gegen dich. Das passiert dir ja nirgendwo sonst." Zum ersten Mal spürt sie hautnah, wie wichtig es ist, Macht zu haben. Doch dieser Begriff ist in der Öffentlichkeit negativ belegt. Es klebt an ihm immer etwas Schmutziges, ja beinahe Obszönes. Er wird oft mit „Machtmissbrauch" verwechselt. Und ganz besonders eine Frau, die Macht will, wird als rücksichtslose Egoistin empfunden, schlecht erzogen und ohne Empathie. Helga ist frei von diesen anachronistischen, aber immer noch im kollektiven Empfinden herumgeisternden Vorstellungen. Macht ist für sie die einzige Möglichkeit, etwas bewegen zu können.

1985 wird sie Vizepräsidentin der Wirtschaftskammer Salzburg. Sie versteht sich zwar nicht als „Grünpflanze am Rednerpult", aber große Gestaltungsmöglichkeiten hat sie in dieser Position auch nicht. Dafür hört man ihr jetzt im Parlament in Wien zu: Als Vertreterin der Wirtschaftskammer ist sie für die Gewerkschafter der roten SPÖ eine wichtige Ansprechpartnerin, kein „Dirndl aus Salzburg" mehr. Eine gute Lektion zum Thema „Macht". Sie will auch hier dazulernen.

Drei Jahre später hilft ihr ein Zufall. Bei der Wahl des neuen Salzburger Wirtschaftskammerpräsidenten reiben sich die Kandidaten derart in Streitereien auf, dass Helga die Position angetragen wird. Gedacht ist das Angebot aber nur als taktischer Schachzug, in der Annahme, dass sie es sich ohnehin nicht zutraut und in gewohnt bescheidener Manier dankend ablehnt. Das macht sie aber nicht – sie nimmt an. Helga kommentiert diese Vorgänge später so: „Vizepräsidentin bin ich geworden, *weil* ich eine Frau bin. Und Präsidentin wurde ich, *obwohl* ich eine Frau bin." Sie ist 40, für diese „Honoratiorengesellschaft" noch recht jung. Und sie ist jetzt die erste Frau an der Spitze einer österreichischen Interessenvertretung; weder in der Gewerkschaft noch in der Landwirtschaftskammer oder bei der Industriellenvereinigung gab es zuvor eine Präsidentin.
Sie verschafft sich schnell den Ruf einer erfolgreichen Teamworkerin. Zu ihren Vizepräsidenten macht sie zwei, wie sie sagt, richtige Machos, beide sehr wohlhabend. „Wir haben wunderbar zusammengearbeitet. Ich habe von denen so viel gelernt. Ich habe aber immer darauf geachtet, ‚wir Präsidenten' zu sagen, ich habe sie nie ‚Vizepräsidenten' genannt; das war wichtig, in einem Team müssen sich alle erfasst fühlen."

Die folgenden sechs Jahre in der Wirtschaftskammer sind für sie eine gute, fruchtbare Zeit. Sie verfolgt ihre Pläne zur Teilzeitarbeit weiter, gründet eine Teilzeit-Vermittlungsbörse, die erste dieser Art, die nicht nur als innovativ, sondern als Aufstand gegen die behördliche Arbeitsmarktverwaltung gesehen wird. Sogar der Bundesminister für Arbeit und Soziales Josef Hesoun kommt höchstpersönlich aus Wien, um über ihr Projekt zu reden. Das sorgt für große Aufregung in der Salzburger Wirtschaftskammer. Am Rande dieses Ereignisses spielt sich dann eine Szene ab, die Helga bis heute unvergessen ist: Mitten in ihr Gespräch mit dem Minister platzt ihre Sekretärin und holt sie in einer äußerst dringenden Angelegenheit aus der Sitzung. Was so dringend sei, deshalb den Minister warten zu lassen, fragt Helga. Die Antwort: Draußen wartet ein Lehrer ihres Sohnes, der sich über dessen schlechtes Benehmen auf einem Schulausflug beschweren will.

Aufschub erlaubt dieser Fall nicht. Mit solchen Konfliktsituationen wird sie als berufstätige Mutter im Laufe ihres Lebens immer wieder konfrontiert.

Im sechsten Jahr ihrer Präsidentschaft in der Wirtschaftskammer meistert Helga eine Herausforderung ganz besonderer Art. Es ist kurz nach dem Tod Herbert von Karajans, dem legendären Dirigenten und langjährigen Intendanten der Salzburger Festspiele, die er maßgeblich prägte und zum „Wallfahrtsort für schönheitssuchende Kunstliebhaber“ machte. Sein Nachfolger Gerard Mortier will die Festspiele nun zu einem „Ort der Aufbrüche und der Konfrontation“ hin verändern, fordert „das neue Salzburg“, gestaltet seinen Spielplan zeitgenössisch und oft provokativ. Die Zuschauerzahlen sinken daraufhin, die mächtige Wirtschaftslobby will Mortier stürzen. Dank kluger Verhandlungen des damaligen Festspielpräsidenten Heinrich Wiesmüller mit Helga, die das Vertrauen der UnternehmerInnen genießt, wird dieser „Putsch“ gegen Mortier jedoch vermieden. Das bringt ihr große Anerkennung des ehemaligen Landeshauptmanns und Festspielkurators Hans Lechner. Er ist Vater von sieben Töchtern und hat sich schon immer für die Karrieren von Frauen eingesetzt. Er macht Helga zu seiner Nachfolgerin im Kuratorium, 13 Monate später wird ihr die frei gewordene Präsidentenposition der Salzburger Festspiele angeboten. Ihrem Prinzip treu, keine Chance auszulassen, und durch die zusätzliche Ermutigung ihres Mannes, sagt sie zu. Sie gibt alle politischen Funktionen ab und beschließt, die Festspiele zu ihrer Lebensaufgabe zu machen.

Aufgrund ihrer Herkunft scheint diese Entscheidung nur konsequent und folgerichtig zu sein; aus unterschiedlichen Blickwinkeln gehörten die Festspiele immer schon zu ihrer Biografie: Schon als Kind unterliegt sie völlig ihrem Zauber. Die Mutter macht als Unternehmerin nie Urlaub, die Kinder bleiben den Sommer über in der Stadt. Und was gibt es in Salzburg im Sommer Schöneres, als Vorstellungen der Festspiele zu besuchen? Klassische Opern sind immer ausverkauft, aber für die zeitgenössischen bekommt sie oft noch ermäßigte

Karten, genauso wie für Konzerte und Schauspiele. Sie geht zu Mozart-Matineen, zu Klavierabenden, zu Serenaden im Residenzhof. Sie erlebt Schauspielgrößen wie Hans Moser, Josef Meinrad, Paula Wessely oder Christiane Hörbiger auf der Bühne, manchmal sogar alle in einem Stück, wie in *Der Bauer als Millionär*. Im Sommer spürte sie in allen Gassen den Mythos der Salzburger Festspiele wehen.

Bereits ihrem Großvater, der in Salzburg 1923 ein Hut- und Pelzgeschäft gründete, gaben die Festspiele den nötigen wirtschaftlichen Rückenwind. Ihre Mutter konnte dann, dank „exklusiver Kundschaft, die exklusive Mode suchte", ihr Geschäft zu einer der ersten Modeadressen Österreichs machen. Als Kind und Teenager lernt Helga im elterlichen Modehaus viele FestspielkünstlerInnen kennen. Und sie erkennt früh die positiven wirtschaftlichen Auswirkungen der Festspiele, die sogenannte Umwegrentabilität, und ihre Bedeutung für den Standort.

Den künstlerischen Aspekt steuert später ihr leiblicher Vater Gerd Bacher bei. „Es gibt Dinge, die mit dem Rechenstift allein nicht zu erfassen sind", schreibt er einmal. Er setzt sich schon in den frühen 1950er-Jahren in seinen wöchentlichen Kolumnen für die Kunstfreiheit der Salzburger Festspiele ein, nimmt sie gegen „zu viel Erbsenzählerei der verschiedenen Kontrollinstanzen", aber auch gegen Angriffe mancher Salzburger BürgerInnen in Schutz.

Schon bei ihrer Gründung 1920 hatte Hugo von Hofmannsthal in seiner Eröffnungsrede gesagt: „Es ist nicht die lokale Angelegenheit einer Provinzstadt. Es ist eine Angelegenheit der europäischen Kultur und von eminenter politischer, wirtschaftlicher und sozialer Bedeutung." Bei der Einweihung des Großen Festspielhauses 1960 werden die Festspiele als „ein Leuchtturmprojekt des befreiten Österreich" gefeiert.
Als deren Präsidentin will Helga diesem Mythos nun gerecht werden, ihm eine zeitgemäße Basis verleihen. Ihre Erfahrungen als Journalistin, Politikerin und Unternehmerin, auch als bühnenaffine Kul-

turkonsumentin, sind ihr dabei äußerst hilfreich. In die Entscheidungen ihres jeweiligen künstlerischen Intendanten mischt sie sich nicht ein, auch wenn ihr „mitunter das eine oder andere gegen den Strich“ geht. Sie sieht ihre Aufgabe im Wesentlichen darin, für die entsprechenden Rahmenbedingungen zu sorgen, in denen sich die Pläne ihrer künstlerischen Leiter auf höchstem Niveau entfalten können. Darum kämpft sie wie eine Löwin. Genauso wie sie um die Positionierung der Festspiele kämpft. Sie spannt ihre Netzwerke um den Globus, baut das Sponsoring nach US-amerikanischem Vorbild auf, gewinnt UnterstützerInnen und MäzenInnen. Es gelingt ihr in ihrer Präsidentschaft, den Anteil privater Sponsorengelder zu verfünffachen. Sie professionalisiert das Marketing, baut es aus. 1996 initiiert sie mit dem ORF die *Siemens FestSpielNächte*, heute das größte Klassik-Public-Viewing der Welt, bei dem alljährlich auf einer Leinwand unter freiem Himmel und kostenlos 30 Abende in Festspielqualität übertragen werden. Mit ihrer *Roadshow* auf drei Kontinenten in vier Sprachen trägt sie persönlich, Seite an Seite mit dem jeweiligen Intendanten, das Festspielprogramm in die Welt. „Eine äußerst kostengünstige Variante, um JournalistInnen aus 80 Ländern von Peking bis New York für die Salzburger Festspiele zu begeistern“, meint sie trocken. Um „die Strahlkraft des Festspielbetriebs zu steigern“, setzt sie den Bau des Mozart-Hauses durch und schafft es, 40 Prozent der Kosten dafür durch Sponsorengelder aufzubringen. Darüber hinaus fällt in ihre Zeit die Sanierung und Modernisierung der Felsenreitschule.

Für ihre MitarbeiterInnen wird sie im Lauf der Jahre zu einer Art „Fels in der Brandung“, hundertprozentig zuverlässig, strategisch hochtalentiert. Von sich selbst sagt sie, sie sei „völlig unbegabt für Frustration“. Vielleicht ist sie deshalb auch ein „Riesenfan von Kompromissen“. So erreicht sie durch ihre geschickten, kompromissbereiten Verhandlungen viel – bei Freund und Feind. Wie bei ihrer ersten Bewährungsprobe als Präsidentin; als sie die von Gerard Mortier durch „verbale Ausrutscher“ zutiefst gekränkten Wiener Philharmoniker wieder zurück an Bord holt. Die Präsidentin ist der Garant für Kontinuität und Stabilität der Festspiele, bei den häufig wechselnden künstlerischen Leitern eine nicht zu unterschätzende, unverzichtbare Funktion. In ihrer Person vereinigt sich das kollektive Gedächtnis der Festspiele.

In ihrer Zeit als Präsidentin werden die Festspiele zugleich globaler wie lokaler. Der Anteil an internationalen Gästen wächst, genauso wie die regionale Verwurzelung. Die *Zeit* schreibt, sie versuche „das Provinzielle und das Weltläufige füreinander zu begeistern, ja zu entzücken".

Die bis dato größte Herausforderung müssen die Salzburger Festspiele und ihre Präsidentin durch die Coronapandemie mit ihren diversen Einschränkungen bestehen, ausgerechnet zum 100-jährigen Geburtstag der Festspiele. Im März 2020 fangen alle großen Festivals an, ihr Sommerprogramm abzusagen: zuerst Bayreuth und Erl, dann Bregenz. Die Präsidentin ist in der Bredouille. Sie ist überzeugt, dass die Menschen in diesen schwierigen Zeiten ein Zeichen der Hoffnung, der Normalität brauchen. „Eine verkleinerte Version der Festspiele – ein Tag, eine Woche, ein Monat – muss doch möglich sein", argumentiert sie. Doch die Regierung ist entschlossen, im Sommer Versammlungen mit mehr als 50 TeilnehmerInnen zu verbieten, um die Infektionszahlen niedrig zu halten. Mit vehementer Unterstützung von Teilen der Salzburger Landesregierung gelingt es ihr schließlich, die Bundesregierung umzustimmen. Ende Mai steht fest: Salzburg wird spielen, als einziges großes Festival der Welt, mit maximal 1000 BesucherInnen pro Veranstaltung.
Intendant Markus Hinterhäuser stampft „ein fantastisches Programm" aus dem Boden, „das uns auch vor der Pandemie zur Ehre gereicht hätte". Und Lukas Crepaz, der kaufmännische Direktor, oft anerkennend als „Digitalfuzzi" bezeichnet, sorgt für ein tragfähiges Präventionskonzept. „Wir waren ein starkes Trio", sagt sie heute. In 30 Tagen werden 110 Vorstellungen in acht Spielstätten eingeplant, 76.500 Tickets werden verkauft. Keiner der Sponsoren geht von Bord. Und keine einzige Coronainfektion wird bekannt. Es ist ganz

großes Theater – und fühlt sich an wie ein Sieg der Kultur über den Virus.
Jetzt wollen alle wissen, wie genau die Salzburger Festspiele das gemeistert haben: die San Francisco Opera, das Aix-en-Provence-Festival, die Royal Opera in London, insgesamt 45 Institutionen fragen bei Lukas Crepaz nach. „Es wird allgemein anerkannt, dass der Tanker Salzburg als Eisbrecher für den gesamten Sektor fungiert hat“, freut sich Helga. Ohne sie, der unverdrossenen Mutmacherin, Zuversicht verströmenden, mit unzerstörbarem Optimismus und Hartnäckigkeit gesegneten Präsidentin, ohne ihre ständige Ansage „Probieren wir einfach“ wären die Lichter 2020 und 2021 in Salzburg nicht angegangen. „Es ist wichtig, dass die Festspiele als Leuchtturm fungieren, Licht in bedrückende Zeiten bringen, zum dritten Mal in den 100 Jahren ihres Bestehens. So wie nach dem Ersten und nach dem Zweiten Weltkrieg“, sagt sie stolz. Und hat damit den Mythos Salzburger Festspiele um ein weiteres großes Kapitel bereichert.

Sie wird danach mit Anerkennung und Preisen überschüttet; Frankreich ernennt sie zum *Commandeur des Arts et Lettres*, die Zeitschrift *Trend* wählt sie zur Frau des Jahres. Die zahlreichen Auszeichnungen, die sie in ihrem Leben schon gesammelt hat, werden ergänzt durch den Nestroy-Theaterpreis, die Goldmedaille des Kennedy Center International Committee on the Arts, den Hanns Martin Schleyer-Preis. Die Medien sind voll mit Berichten über ihre Leistungen. Senta Berger nennt sie „Helga Löwenherz“. Rudolf Sallinger, ihr früherer Förderer, sagt über sie zu *Trend*: „Sie hat uns aus den patriarchalischen Strukturen herausgerufen.“ Doch Helga, bodenständig und pragmatisch, behält auch hier ihren klaren, unbestechlichen Kopf: „Ich war nie so schlecht, wie man mich früher dargestellt hat. Aber ich bin auch nicht so gut, wie ich heute gelobt werde.“

Ein Vorbild will sie nicht sein, dafür sei sie, wie jede und jeder andere, „zu speziell, zu unterschiedlich“. Andere ermutigen, ja, das kann und mag sie gern. Sie beschreibt, wie sich Salzburger Frauen über ihre Erfolge freuen, weil sie, Helga, mit 73 Jahren immer noch da ist und entscheidend mitgestaltet. Sie verschwindet nicht einfach aus der öffentlichen Wahrnehmung, was früher für eine ältere Frau, diese Bezeichnung galt schon für Frauen ab 50, üblich war. Diesbezüglich habe sich heute tatsächlich schon viel geändert, meint sie.

Was würde sie noch verändern wollen, speziell in Österreich, wenn sie es wie von Zauberhand könnte? Was liegt ihr dringend am Herzen? Sie zögert kurz. Dann spricht sie von der österreichischen Mentalität, die „leider keine sehr offene" sei. „Mir scheint, der Großteil der ÖsterreicherInnen sieht in jeglicher Veränderung nur die Gefahr der Veränderung zum Schlechteren, die Chance einer Änderung zum Besseren wird selten gesehen. Das ist für mich eine Volkskrankheit." Sie meint, dass dadurch auch Populisten leichteres Spiel haben. „Indem sie die Angst schüren, dass es durch die Änderungen nur bergab geht, es allen in Zukunft schlechter gehen wird, können sie sich den WählerInnen als Garant für ein unbeschwerteres Leben andienen. Die Populisten suggerieren: ‚Ihr braucht uns nur zu wählen, danach habt ihr Ruhe und wir nehmen euch die anstrengenden Entscheidungen ab.' Diese hasenfüßige Haltung schadet uns allen sehr."
Und sie meint, dass der Populismus nicht nur eine bestimmte Partei beherrscht oder sich in einem bestimmten Milieu ausbreitet. Nein, sie sieht ihn heute überall. Die Coronapandemie trägt sicher auch nicht dazu bei, die allgemein herrschende Angst abzubauen. Und dass Angst ein ganz schlechter Ratgeber für wichtige Entscheidungen ist, das hat sie seit Langem erkannt.

Helga glaubt fest daran, dass die „Kraft der Kunst" ein probates Gegenmittel ist. Der Dirigent Nikolaus Harnoncourt konstatierte bei seiner Eröffnungsrede zum 75-Jahr-Jubiläum der Salzburger Festspiele 1995: „Die Kunst ist eine Sprache, die Verborgenes aufdeckt, Verschlossenes aufreißt, Innerstes fühlbar macht, die mahnt, erregt, erschüttert, beglückt." „Künstler sind nicht die gescheiteren Menschen", meint Helga dazu, „aber sie stellen bessere Fragen."

Als sie 2020 öffentlich Max Reinhardt mit „Kunst ist ein Lebensmittel“ zitiert, wird sie von Zeitungen als realitätsfremd belächelt. „Ein Jahr später spricht jeder von Kunst als einem Lebensmittel“, stellt sie fest. Dazu haben sicher auch ihre Festspiele 2020 und 2021 beigetragen. „Die Politiker haben so lange geglaubt, systemrelevant ist nur der Baumarkt und das Beisl am Eck. Aber wir sind es auch, und das haben wir gezeigt.“

Nach einer Aufführung der Oper *Elektra* bei den Salzburger Festspielen 2020 beobachtet sie Menschen, die nach der Vorstellung in einem Restaurant angeregt die zentralen Themen des Stückes diskutieren: „Ist Rache Stärke und Vergebung Schwäche? Oder ist es vielleicht umgekehrt: Rache ist Schwäche und Vergebung Stärke?“ Die Debatte wird vehement geführt. Die Meinungen prallen aufeinander. „Zuschauer von heute setzen sich mit den ewig menschlichen Fragen auseinander, übertragen sie auf ihre Lebenswirklichkeiten. Ist das nicht wunderbar? Darauf kommt es doch an bei der Kunst“, begeistert sich Helga, „das sind Momente, die etwas aufreißen.“

SHALINI RANDERIA

I met a traveller from an antique land,
Who said: – Two vast and trunkless legs of stone
Stand in the desert . . . Near them, on the sand,
Half sunk, a shattered visage lies, whose frown,
And wrinkled lip, and sneer of cold command,
Tell that its sculptor well those passions read
Which yet survive, stamped on these lifeless things,
The hand that mocked them, and the heart that fed
And on the pedestal these words appear
"My name is Ozymandias, king of kings
Look on my Works, ye Mighty, and despair!"
Nothing beside remains. Round the decay
Of that colossal wreck, boundless and bare
The lone and level sands stretch far away.

Percy Bysshe Shelley – Ozymandias

Könnte man Luft verkaufen? Sie mit Patenten belegen und für jeden Atemzug Lizenzgebühren verlangen?
Was klingt wie ein verrückter Gedanke, ist von der gängigen Praxis mancher Konzerne gar nicht so weit entfernt. Firmen wie *Monsanto*, *DuPont* oder *Syngenta* tragen Pflanzen und Tiere zu Patentämtern. Sie erhielten bis 2017 vom Europäischen Patentamt sogar Rechte auf Wildpflanzen und Pflanzensorten, die von Bauern seit jeher angebaut werden. Damit verlieren die Farmer die kommerziellen Verwertungsrechte, oft sogar die Nutzungsrechte. Wie im Fall von Basmatireis, dessen Geschichte um die Jahrtausendwende weltweit durch die Medien ging. Seit Jahrhunderten wird dieser hochwertige und aromatische, am Weltmarkt sehr geschätzte Reis von indischen und pakistanischen Reisbauern und Reisbäuerinnen an den Hängen des Himalayas angebaut, als ihre Existenzgrundlage, ihr Kulturgut und

auch Teil ihrer Identität. Bis der US-Konzern *RiceTec* mehrere Patente auf Basmatireis registrieren ließ, die die Rechte der ReisbäuerInnen stark einschränkten. Sie wurden damit in die Dauerabhängigkeit von Großkonzernen gezwungen, von denen sie nun das genmanipulierte Saatgut kaufen müssen, statt ihr eigenes aus der Ernte des Vorjahres verwenden zu können. Ihre Existenzgrundlage wird bedroht. Viele landen in den Slums der Großstädte, andere begehen Selbstmord. NGOs bezeichnen diesen Vorgang als Biopiraterie.

Mit Basmatireis beschäftigt sich auch Shalini Randeria; er ist Thema eines ihrer vielen Forschungsprojekte. Die juristische Seite der Patente interessiert sie dabei aber weniger. Als weltweit anerkannte Sozialanthropologin untersucht sie die Auswirkung solcher Praktiken auf lokale Lebenswelten und die betroffenen Menschen. Obwohl sie seit vielen Jahren in Europa lebt und an international renommierten europäischen Universitäten und Instituten arbeitet, führen sie ihre Forschungen immer wieder zu ihren Wurzeln nach Indien zurück.

Shalini wird 1955 in den USA geboren. Ihr Großvater mütterlicherseits ist dort indischer Botschafter, ihr Vater studiert an der Wharton School of Business Management. Zwei Jahre später kehrt die junge Familie nach Indien zurück. In Mumbai und später Neu-Delhi verbringt Shalini ihre Kinder- und Jugendjahre. Die Geschichte ihrer Familie hört sich an wie die Vorlage zu einem fantastischen Hollywoodfilm, zu einer Familiensaga, die über mehrere Generationen hinweg reicht. Da die Bildung und Ausbildung von Frauen in dieser Saga, sehr ungewöhnlich für Indien, eine entscheidende Rolle spielt, würde der Film sicher mit ihrem Urgroßvater anfangen, der gegen Ende des 19. Jahrhunderts als junger Mann aus Mumbai ein Schiff nach London besteigt. Er will in Indien höhere Schulen für Mädchen gründen und braucht dazu Anregungen aus England. Sein Problem: Solche Reisen sind ihm als Angehörigem der höchsten Kaste, den Brahmanen, untersagt, weil er nicht ausschließen kann, sich dabei zu „verunreinigen“, indem er zum Beispiel Fleisch isst oder Alkohol trinkt. Entsprechend wird er aus der Brahmanen-Kaste ausgeschlossen.

Seine junge Frau zu Hause ist daraufhin isoliert; niemand will mehr mit ihr sozial verkehren. Doch es folgt ein Happy End: Der junge Mann kehrt heim, gründet tatsächlich die ersten höheren Mädchenschulen im westlichen Indien und wird später sogar wieder in seine Kaste aufgenommen.

Shalinis Urgroßmutter erlangt 1901 als eine der ersten Frauen in Indien einen Universitätsabschluss. Ihr Mann, Jurist, Schriftsteller und Bürgermeister der Industriestadt Ahmedabad, unterstützt sie dabei, unter anderem, indem er ihr Englisch beibringt. Jedes zweite Jahr bekommt sie ein Kind, insgesamt werden es sieben, die von ihrer Mutter versorgt werden, damit sie immer wieder zur Uni zurückzukehren kann. Später gründet sie die erste indische Frauenorganisation *All India Women's Conference* mit.

Eines dieser Kinder ist Shalinis Großmutter, die in Kalkutta die erste Schule für „unberührbare Mädchen" gründet, die weiblichen Angehörigen der untersten Kaste der Dalit. Ihr Mann, Shalinis Großvater, späterer Botschafter in den USA, ist Mitautor der indischen Verfassung. Beide verbindet eine Freundschaft mit Mahatma Gandhi, der sie in Kalkutta oft besucht. Er genießt die politisch-sozialen Satiren, die der Großvater neben Sachbüchern und Zeitungsartikeln schreibt, und schätzt seinen Humor. Shalinis Mutter lernt also schon als kleines Mädchen Gandhi kennen. Ihre Familie teilt aber Ghandis religiöse Lebensführung und seine sozialkonservative Haltung nicht, die Großeltern mütterlicherseits verstehen sich als Atheisten. Sie möchten ein unabhängiges, modernes Indien, setzen sich für Frauenrechte, Chancengleichheit, für eine pluralistische, tolerante, demokratische Gesellschaft ein.

Shalinis Vater ist kein Brahmane. Er kommt aus einer kaufmännischen Kaste, aus bescheidenen Verhältnissen. Ihre Eltern lernen sich im heutigen Mumbai kennen, wo ihr Vater Ökonomie und Jura studiert und ihre Mutter nach dem Soziologiestudium in den USA als Bibliothekarin im British Council arbeitet. Beide haben eine große Leidenschaft für Literatur. Bücher in mehreren Sprachen und

Bibliotheksbesuche jeden Samstag prägen den Alltag der Familie. Sie lebt auf eine Art, die in Indien ungewöhnlich ist: fortschrittlich, aber gleichzeitig nicht „verwestlicht". Zu Hause wird Gujarati gesprochen, Shalini und ihr Bruder besuchen Gujarati-, dann Hindi-Schulen. Sie werden aber gleichzeitig mit der westlichen Kultur vertraut gemacht, wachsen mit liberalen Werten auf. Ganz anders als viele indische Familien der oberen Mittelschicht, die zwar zu Hause Englisch sprechen und ihre Töchter in englischsprachige Bildungseinrichtungen schicken, um sie dann aber nach indischer Tradition doch sehr früh zu verheiraten und von der Öffentlichkeit fernzuhalten. Shalinis Eltern halten nichts von so einer oberflächlichen Nachahmung des westlichen Lebensstils. Die Mutter ist Übersetzerin aus dem Englischen, Bengalischen und aus Gujarati, ihrer Muttersprache. Sie arbeitet in dem Team, das die gesammelten Schriften Mahatma Gandhis aus dem Gujarati ins Englische übersetzt. Als 47-Jährige lernt sie Russisch und überträgt dann Tolstoi, Pasternak und Achmatowa aus dem Russischen ins Gujarati. So lernt Shalini im Elternhaus neben englischen und Gujarati-Gedichten auch russische Poesie kennen. Ihre Mutter bringt ihr das Gedicht „Ozymandias" bei, als sie mit elf Jahren in der Schule ein Gedicht rezitieren muss.

Mit den Mädchen aus der Nachbarschaft kann sie wenig anfangen. Diese sind traditionell erzogen, sie spielen mit Puppen, lernen kochen, interessieren sich für Kleidung und – ganz wichtig in der indischen Welt – Schmuck. Ihre eigene Mutter trägt keinen Schmuck am Ohr. Sie vermittelt damit ein ganz anders Frauenideal: eine gebildete, eigensinnige Frau, die sich wenig für die gesellschaftliche Weiblichkeitsnormen interessiert. Neben Bildung wird auch kritisches Denken gefordert. Shalini versucht, den Ansprüchen der Mutter gerecht zu werden. Sie ist 16, als sie mit dem besten sozial- und geisteswissenschaftlichen Abitur ihres Jahrgangs die Schule in Delhi abschließt. Die Zeitungen überschlagen sich vor Begeisterung. Die Arbeitskollegen gratulieren dem Vater.
Sie studiert an der Universität in Delhi Psychologie, schließt mit 19 das Studium mit einem Bachelorabschluss ab, setzt noch ein Jahr

Linguistik darauf, studiert dann Soziologie und macht mit 22 ihren Magister. Dann bekommt sie das begehrte Rhodes-Stipendium für die Universität Oxford, das nach dem Willen des Stifters eigentlich nur für Männer gedacht ist. Das britische Parlament setzt sich jedoch darüber hinweg und erlaubt eine nachträgliche, zeitgemäße Änderung des Testaments, um die Vergabe des Stipendiums auch an Frauen zuzulassen. Wieder berichten Zeitungen über Shalinis Erfolg. Diesmal aber gratuliert dem Vater niemand in der Firma; seine Arbeitskollegen empfehlen, die 22-jährige Tochter nicht zum weiteren Studium ins Ausland zu schicken, denn dies würde doch ihre Heiratschancen schmälern. Ihre Familie regt sich darüber auf. Und Shalini spürt, dass sie nicht wirklich zu dieser indischen Welt der oberen Mittelschicht gehört. Daraus wird später ein sie ständig begleitendes Lebensgefühl, nirgends wirklich dazuzugehören. Sie spricht zwar viele Sprachen, lebt vielerorts und integriert sich in unterschiedliche Gesellschaften, bleibt aber trotzdem immer ein Stück weit abseits. Nicht nur als Migrantin in Europa, sondern bereits in ihrer indischen Heimat empfindet sie sich als teilweise fremd.

Zum Forschungsobjekt ihrer Doktorarbeit macht sie die „Unberührbaren" am untersten Rand des indischen Kastensystems. Dafür muss sie das ländliche Leben Indiens kennenlernen. Ihre Recherchen führen sie in die entlegensten Dörfer. Sie erlebt dort bitterste Armut. Als Großstadtkind aus einer gut situierten Mittelschichtsfamilie kennt sie bettelnde Menschen oder Obdachlose von den Straßen, hatte aber nie direkten Kontakt zu ihnen. Jetzt teilt sie über ein Jahr ihr Leben mit den Ärmsten auf dem Land und wird täglich mit Diskriminierungen und Verboten konfrontiert, denen diese Menschen ausgesetzt sind. Sie dürfen selbst im eigenen Dorf keinen Tempel betreten und kein Wasser aus dem Dorfbrunnen schöpfen. Sie bekommt eine völlig andere Sicht auf die eigene Gesellschaft.
Nach den ersten drei Monaten in einem Dorf in Gujarat fährt Shalini für einige Tage nach Hause. Nach ihrer Rückkehr ins Dorf wird sie stürmisch von den Dorffrauen begrüßt. Sie gestehen, dass ihnen „das Radio" in ihrer Abwesenheit sehr gefehlt habe. Ihr wird klar, dass ihr

Gujarati, ihre Muttersprache, von Dorfbewohnern als eine sterile „Radiosprache“ wahrgenommen wird, da sie weder lokale Färbung noch umgangssprachliche Ausdrücke aufweist und viele alltagssprachliche Vokabeln nicht kennt. Sie notiert sie und versucht später, sie in Wörterbüchern nachzuschlagen. Vergebens. Denn die Wörterbücher wurden von Brahmanen geschrieben, „Unterschicht-Vokabeln“ werden dort nicht aufgelistet. Schon gar nicht, wenn sie mit bestimmten Sitten und Gebräuchen in Verbindung stehen, die es in den oberen Kasten nicht gibt. Diese Erfahrung inspiriert Shalini zu einer „Forschungsreise in die eigene Gesellschaft“, wie sie es nennt. Durch ihren ethnografischen Blick wird daraus, in vielerlei Hinsicht, eine äußerst interessante Entdeckungsreise.
Sie beobachtet, dass kaum jemand aus den unteren Kasten im Streitfall vor Gericht geht. Wie werden dann aber Nachbarschaftskonflikte und Familienstreitigkeiten gelöst? Wie werden Verhaltensnormen festgelegt, überwacht und sanktioniert? Sie untersucht das Familienrecht der unteren Kasten in Westindien und stellt fest, dass jede dieser Kasten ihre eigene „Verfassung“ besitzt, die ihr soziales Leben regelt. Sie wird von den männlich besetzten Kastenräten überwacht. Shalini sammelt sorgfältig die niedergeschriebenen Verfassungen, wohnt sogar den Versammlungen der Kastenräte bei. So entsteht der erste Überblick über Verfassungen der unteren Kasten in Indien und eine allererste wissenschaftliche Arbeit dazu: ihre Doktorarbeit. Wissenschaftliches Neuland, das vor ihr kaum jemand betreten hat.

Im Zuge ihres Rhodes-Stipendiums in Oxford stößt sie auf einen französischen Soziologen, dessen kontroverse Publikationen zu Indien sehr einflussreich sind und sie brennend interessieren. Sie schreibt darüber ihre Abschlussarbeit. Einige seiner Werke sind noch nicht ins Englische übersetzt, so entscheidet sie sich dazu, auch noch Französisch zu lernen, um sein Gesamtwerk im Original lesen zu können. Sie fährt nach Frankreich, beim Sprachkurs in Grenoble lernt sie ihren künftigen Mann kennen, einen Deutschen aus Hamburg. Er folgt ihr nach Oxford und später nach Indien, als sie zurückkehrt und an den Universitäten in Bombay und Delhi unterrichtet. Die beiden heiraten 1982. Shalini muss nun auch Deutsch lernen, sie fängt mit der Promotion in Heidelberg an und schließt sie an der Freien Universität Berlin ab, wo sie eine wissenschaftliche Stelle innehat und sich 2001 habilitiert.

Während es in ihrer Doktorarbeit um die autonome Rechtsetzung von unten geht, wechselt sie in ihrer Habilitation die Perspektive. Rechtliche Globalisierung von oben und ihre Grenzen sind jetzt ihr Thema: Wie wirken sich global gesetzte Rechtsnormen auf lokale Lebenswelten aus? Diese Normen werden oft durch die Hintertür ins Land gebracht, zusammen mit Fördergeldern, und prallen auf nationale Gesetze und auf Gewohnheitsrecht. Wie beeinflussen die geldgebenden Organisationen wie die Weltbank oder US-amerikanische Entwicklungshilfebehörden mit ihren Projektförderungen die Lebenswirklichkeit der lokalen Gemeinschaften? Shalini breitet ihre Feldforschungen auf vier indische Regionen aus. Sie spricht mit Bauern, die aus ihrer angestammten Heimat vertrieben oder zwangsumsiedelt werden, weil Infrastrukturprojekte wie Flughäfen, Autobahnerweiterungen oder Staudämme gebaut werden. Sie setzt sich mit der Bevölkerungspolitik der indischen, aber auch der US-amerikanischen Regierung auseinander, mit Landraub, Biopiraterie und Privatisierungen von Gemeingütern.

Ihr Beispiel für fehlgeleiteten Naturschutz ist prägnant. Es betrifft den asiatischen Löwen, von dem es in Gujarat, Westindien, nur noch wenige Exemplare gibt. Gutmeinende Naturfreunde haben seinen Lebensraum zum Naturschutzgebiet erklären lassen; die dort lebenden Büffelzüchter mussten daher zwangsumgesiedelt werden und mit ihren großen Herden das Waldgebiet räumen. Ohne jene Büffel aber fehlte den Raubtieren ihre gewohnte Beute. Die Löwen drängten also in die umliegenden Dörfer und schlugen dort zu: Vieh, Haustiere und manchmal auch Menschen wurden ihre Opfer. So verloren alle – Löwen und Büffel. Und die Büffelzüchter, denen die Lebensgrundlage geraubt worden war, landeten durch Zwangsvertreibung, obdachlos geworden, in den Slums der großen Städte.

Nach ihrer Habilitierung in Soziologie und Sozialanthropologie lehrt Shalini an mehreren europäischen Universitäten, in München, Berlin, Wien und Zürich. Sie forscht am renommierten Wissenschaftskolleg in Berlin, später auch am Berliner Wissenschaftszentrum für Sozialforschung. Sie wird an die Central European University berufen, die von George Soros gegründete, private amerikanische Universität in Budapest, um dort die neue Abteilung für Soziologie und Sozioanthropologie aufzubauen.

2001 schreibt sie zusammen mit dem deutschen Juristen Klaus Günther einen 100-seitigen Bericht zur Globalisierung von Recht, Kultur und Gesellschaft. Resonanz darauf gibt es kaum. Wie schon auf ihr Buch *Globalisierung und Frauenrechte* einige Jahre zuvor. „Wir waren einfach zu früh mit den Themen", meint sie heute. „Die konventionelle Juristerei ist stark in nationalstaatlichen Rahmen verhaftet. Sie nahm zwar internationale Menschenrechte wahr. Dass aber nationales Recht globalisiert und dadurch fragmentiert wird, war damals im deutschsprachigen Raum noch nicht auf der Agenda."

Shalini pendelt jetzt zwischen Budapest und Berlin. Berlin ist nicht nur der Familienwohnsitz, die Stadt ist für sie mittlerweile zu einer zweiten Heimat geworden. Da an der Central European University in Budapest in ihrem neu gegründeten Department noch kein regulärer Studienbetrieb stattfindet, kann sie einen Teil der Aufbauarbeit auch von Berlin aus erledigen. 2003 folgt sie dann dem Ruf an die Universität Zürich. An der philosophischen Fakultät der UZH gibt es wenig Professorinnen. Auch gibt es dort neben ihr unter den Lehrenden keine einzige Person aus dem globalen Süden. Das Ethnologische Institut beschäftigt zu dieser Zeit fast ausschließlich Schweizer. „Das muss man sich wirklich vorstellen", schmunzelt sie, „Völkerkunde der außereuropäischen Gesellschaften wird dort gelehrt, und es ist, auf professoraler Ebene, ein reiner Männerbetrieb, dazu sind fast alle Schweizer."

Dann wird sie nach Genf berufen, um das dort fehlende Soziologie/Sozialanthropologie Department am Hochschulinstitut für Internationale Studien und Entwicklung zu gründen. Das Institut ist zweisprachig, Englisch und Französisch, die etwa 1000 Studierenden kommen aus 90 Ländern. Sie kann nun also endlich wieder in einem kosmopolitischen Umfeld nach ihren Vorstellungen arbeiten. Sie legt Soziologie und Ethnologie zusammen und hebt damit den „imperialen Ansatz" auf, Disziplinen, die Europa und die nicht-europäische Welt betreffen, getrennt zu behandeln. Sie schreibt die Stellen international aus, beruft ProfessorInnen aus den USA, Kanada, England, Portugal, Frankreich, Indien und Brasilien. Schließlich bietet man ihr als Forschungsdirektorin die Leitung des gesamten Instituts an. Zu ihrer Forschungsarbeit kommt jetzt noch eine Vielzahl an Verwaltungstätigkeiten hinzu.

Auch ihre Tochter hat inzwischen studiert, im Berufsleben Fuß gefasst und ist verheiratet. Sie unterhalten sich oft über die Schwierigkeiten, Beruf und Familie zu verbinden. Auch wenn sich heute schon vieles zum Besseren geändert hat, fehlt es noch immer an der Infrastruktur, um Akademikerinnen zu unterstützen, damit sie nicht zwischen Kindern und Karriere wählen müssen. Denn entscheiden Frauen sich gegen eine Karriere, gelten sie als ambitionslos. Entscheiden sie sich, eine voll berufstätige Mutter zu sein, hält man sie für überambitioniert. In Berlin hört Shalini zum ersten Mal den Ausdruck „Rabenmutter". Die Tochter wird in der Schule gefragt, ob sie „ein Schlüsselkind" sei und wer ihr denn das Mittagessen koche. Sie wird wegen ihrer Mehrsprachigkeit bemitleidet.

2014 erhält Shalini den Ruf, als Rektorin das renommierte Institut für die Wissenschaften vom Menschen (IWM) in Wien zu übernehmen. Jetzt wird sie wieder zur Nomadin, sieben Jahre lang teilt sie ihre Zeit zwischen Genf und Wien auf, mit Abstechern nach Berlin und Indien. Am Genfer Institut gründet sie dann 2017 das Zentrum zur Demokratieforschung.

Das IWM wurde 1982 von einem polnischen Philosophen als Plattform für den internationalen Austausch und Dialog zwischen WissenschaftlerInnen und Intellektuellen aus verschiedenen Disziplinen, Gesellschaften und Kulturen gegründet. Damals lag der Schwerpunkt auf dem Ost-West-Dialog, auf der Überwindung des Eisernen Vorhangs. Shalini erweitert diesen Dialog auf den globalen Süden und leistet mit ihrem Institut einen Beitrag zu politischen, gesellschaftlichen und kulturellen Debatten. Gleichzeitig verwurzelt sie ihr Institut stärker in der Stadt. Sie kooperiert mit Wiener Kulturinstitutionen, Burg- und Volkstheater, Museen, internationalen Festivals, mit Radio- und TV-Sendern, mit Schulen und Universitäten.

Sie empfindet eine Affinität zu Wien mit seiner imperialen Vergangenheit. Ihre Großeltern sprachen damals viel über Wien als eine weltoffene Metropole, führend in Wissenschaft, Politik und Kultur. „Das ist ein großes Erbe", meint Shalini, „dem man gerecht werden muss, aber auch eine Hypothek. Daran muss man anknüpfen, an dieses Vielvölker-, vielsprachig-multikulturelle und multiethnische Imperium. Daraus wurde zwar ein Nationalstaat, er blieb aber multikulturell und vielsprachig." Sie meint, dass Wien sich in den letzten Jahrzehnten spürbar internationalisiert hat. Auch die Position von Frauen hat sich entscheidend verbessert. Ihre Berufung an die IWM-Spitze zeugt davon, ebenso die Offenheit, mit der sie hier empfangen wird. Aber gilt das generell? Empfängt die Stadt unbekannte, nicht-prominente MigrantInnen ähnlich freundlich?

Durch die momentane Entwicklung in Zentral- und Osteuropa, die Shalini große Sorgen bereitet, kommt Wien eine besondere Bedeutung zu. „Ich gehöre einer Generation an, die fest davon überzeugt war, dass sich Rechtsstaatlichkeit und bestimmte liberale Prinzipien, inklusive der Frauenrechte, endgültig durchgesetzt haben, dass man nie wieder um sie kämpfen muss." Jetzt, im Hinblick auf den stark wachsenden Rechtspopulismus in großen Teilen Europas, hält sie die Positionierung von Wien „in diesem neuen politischen Gefüge für entscheidend".

Im Juli 2021 wird Shalini Randeria Rektorin der Central European University. Die Universität wurde von der Regierung aus Ungarn vertrieben; Wien hat sich sofort als neuer Standort angeboten. Wieder einmal wird sie einen Umzug und Neuaufbau einer wissenschaftlichen Institution leiten. Und nebenbei verfolgt sie weiter ihre Forschungsprojekte. Diesmal geht es um Patente auf Impfstoffe, die es manchen Ländern unmöglich machen, die Impfstoffe für ihre eigene Bevölkerung kostengünstig selbst herzustellen und weltweit zu vertreiben. Und wieder einmal plädiert Shalini, die globale Intellektuelle, für ein anderes, ein gerechtes, ein weltumfassendes Bewusstsein. Bei der Eröffnungsfeier des akademischen Jahres 2021/22 an der Central European University zitiert sie Stacey Abrams, eine US-Demokratin: „Es reicht nicht zu sagen, dass du die Welt verbessern willst. Du bist verpflichtet, es auch wirklich zu tun."

MARIE RINGLER

Und umzuschaffen das Geschaffne,
Damit sich's nicht zum Starren waffne,
Wirkt ewiges lebend'ges Tun.
Und was nicht war, nun will es werden
Zu reinen Sonnen, farbigen Erden,
In keinem Falle darf es ruhn.

Es soll sich regen, schaffend handeln,
Erst sich gestalten, dann verwandeln;
Nur scheinbar steht's Momente still.
Das Ewige regt sich fort in allen:
Denn alles muß in Nichts zerfallen,
Wenn es im Sein beharren will.

Johann Wolfgang von Goethe – Eins und Alles

Zu seinem neunten Geburtstag wünscht sich Bart, ein belgischer Bub aus Antwerpen, eine Ratte. Er liebt alle Arten von Nagetieren und hält sie als Haustiere, wie andere Kinder Hunde oder Katzen. Als Student beeindruckt ihn ein Dokumentarfilm über Landminenunfälle in Kambodscha. Er erfährt von unzähligen Minen, die nach Bürgerkriegen weltweit in der Erde geblieben sind, noch immer Menschen töten oder verstümmeln und die landwirtschaftliche Nutzung von riesigen Anbauflächen verhindern. Dieses Problem lässt Bart nicht mehr los.
Später besucht er einige der betroffenen Länder und erkennt das volle Ausmaß des Problems. Eine einfache technische Lösung, diese Minen aufzuspüren, gibt es nicht. Er denkt an seine hochintelligenten Nagetiere und ihren außergewöhnlichen Geruchsinn und beginnt mit Unterstützung der Uni Antwerpen und der Sokoine University of Agriculture in Tansania, die afrikanische Hamsterratte auf Spreng-

stoffgeruch zu trainieren. Sie erweist sich als zuverlässiger und höchst effizienter Landminendetektor.

Seit 2004 werden die *HeroRATs*, wie sie später genannt werden, im ganzen globalen Süden erfolgreich zum Aufspüren von Minen eingesetzt. Mittelweile helfen sie auch bei der Bekämpfung der Tuberkulose, die sie an Kranken genauso zuverlässig erschnüffeln können. Die Arbeit von Bart Weetjens mit seiner inzwischen gegründeten NGO APOPO findet Anerkennung bei der hoch angesehenen *Schwab Foundation* und bei *Ashoka*, dem Netzwerk der weltweit führenden Sozial-EntrepreneurInnen, das ihn zum Fellow macht.

Marie Ringler, Europa-Chefin von *Ashoka*, nennt ihn als Beispiel dafür, wie man durch vernetztes Denken neue Lösungen für die Zukunft schafft. Was hat Bart mit der blinden Frau zu tun, die im Rahmen des *discovering hands*-Projekts die Früherkennung von Brustkrebs bei Frauen in Deutschland und Österreich fördert? Oder mit dem amerikanischen Fischer, der mit seinem Unternehmen *GreenWave* an der nachhaltigen Bewirtschaftung des Meeres arbeitet? Mit der Schulleiterin, die zur radikalen Schulreform in Deutschland und Österreich aufruft, mit dem Journalisten, der als Beitrag zu sozialem Wandel konstruktiven, lösungsorientierten Journalismus praktiziert?
Sie alle stellen den Status quo infrage, denken innovativ, „gegen den Strich", und wollen gesellschaftliche Herausforderungen durch systemische Veränderungen möglichst grundlegend lösen, erklärt Marie. Sie ist fest davon überzeugt, dass unsere Zukunft von solchen Persönlichkeiten und ihren Initiativen abhängt. Sie will mit *Ashoka* diese *Social Entrepreneurs* ausfindig machen, sie in das globale Netzwerk aufnehmen, auf ihrem Weg begleiten und so fördern. Ungewöhnlich? Marie ist auch eine ungewöhnliche Frau.

Es hängt sicher mit ihrer Familie zusammen. Sie kommt 1975 in Wien zur Welt. Die Eltern ihrer Mutter sind jüdische Kommunisten, deren Geschichte im Widerstandskampf während des Zweiten Weltkriegs wird ihr nicht als eine Opfergeschichte erzählt. Obwohl mit Grausamkeiten, mit Verlusten und Tod verbunden, wird sie ihr vermittelt als eine Überlebensgeschichte, wo die Kraft, sich dem Unrecht entgegenzustellen, im Fokus steht. So bekommt Marie, ohne indoktriniert zu werden, ohne dass es überhaupt ausgesprochen wird, ihren Auftrag fürs Leben. Sie muss mit dem, was sie kann und wer sie ist, der Gesellschaft etwas zurückgeben. Dieses Credo prägt sie nachhaltig.

Die Geschichte der anderen Seite der Familie lehrt sie, an den Widersprüchlichkeiten des 20. Jahrhunderts zu wachsen. Der Großvater väterlicherseits, als junger Mann ein überzeugter Nazi, setzt sich nach dem Krieg kritisch mit seiner Jugend auseinander. Die Eltern schaffen einen Raum, der diesen Konflikt nicht ausblendet, sondern lebbar macht und ihr zeigt, dass jeder und jede Verantwortung für sein oder ihr Leben hat und sich immer neu entscheiden muss. „Das war eine unglaubliche Kultur- und Beziehungsleistung meiner Eltern", meint sie und ist ihnen dafür unendlich dankbar.

Schon als Schülerin in Wien gründet sie eine Anti-Rassismus Gruppe. Als Studentin engagiert sie sich gemeinsam mit ihrer Freundin Hedwig Wölfl für die Schließung des Rassensaals im Naturhistorischen Museum. Bis in die Neunziger wurde dort die Entwicklung des Menschen anhand angeblicher Rassenmerkmale präsentiert. Marie erlebt selbst, was es heißt, nicht nur Bewusstsein für bestimmte Probleme zu schaffen, sondern auch real etwas dagegen zu tun. Ein Resultat ihres Engagements zu sehen, das wird zu ihrem Antrieb.

Ihr Studium der Soziologie und Politikwissenschaften an der Universität Wien enttäuscht sie zunächst sehr. Sie findet es nicht relevant, denn es erklärt ihr nicht die Welt. Sie besucht oft das Theater, wird „zu einer der größten Profiteurinnen von Peymanns Studentenkarten", wie sie ihre Begeisterung fürs Burgtheater unter der Direktion von Claus Peymann beschreibt.
Im Zuge einer Lehrveranstaltung zum Thema Jugendkultur wird sie mit der elektronischen Musikszene in Wien konfrontiert, die 1992/93 gerade im Entstehen ist. Die dazugehörenden Partys sind meistens

illegal, finden in eigentlich gesperrten Räumlichkeiten wie dem Getreidespeicher statt, bei zuckenden Lasern und stampfender Musik; das gibt dem Ganzen noch mehr Kick. Ihre Begeisterung für elektronische Musik stammt aus dieser Zeit.

Sie trifft auf Konrad Becker, einen der Pioniere dieser Szene. Er ist gerade dabei, *Public Netbase* zu gründen, eine Plattform für die kritische, selbstbestimmte Nutzung neuer Medien. Die disruptive technologische Entwicklung ist in vollem Gang, innovative Informations- und Kommunikationstechnologien werden ausprobiert. Marie steigt in Beckers Gruppe ein, engagiert sich beim Aufbau der Plattform. „Es war eine spannende Pionierzeit", erzählt sie, „mit großem Glauben an Utopien und mit der Hoffnung verbunden, dass uns diese Technologien wirkliche Verbesserungen bringen, dass sie uns befreien, dass sie als Sprachrohr für die Unterdrückten, als Möglichkeit der freien Meinungsäußerung eingesetzt werden. Und dass die Anonymität des Internets Gendergrenzen und damit die Vorurteile in der geschlechtlichen Rollenzuschreibung auflöst." *Public Netbase* sucht an der Schnittstelle zwischen Wissenschaft, Technologie und Kunst nach neuen künstlerischen Ausdrucksformen und Gestaltungsfreiräumen, nach neuen gesellschaftsrelevanten Themen. Wie die Performancegruppe Critical Art Ensemble, die das Thema Biotechnologie in die Kunst hineinbringt.
Jetzt bewegt sich Marie in einem internationalen, hoch spannenden Kontext. Es werden radikale Positionen vertreten, sowohl politisch-aktivistisch als auch künstlerisch ausgedrückt. Sie ist tief beeindruckt von der Furchtlosigkeit dieser PerformancekünstlerInnen und der Kraft der Provokation. Sie spürt dabei auch, dass es die Menschen selbst sind, die ihre Welt klein machen oder sie klein halten, und dass immer noch viel mehr geht, als man sich vorstellt. Mit 23 wird sie Geschäftsführerin von *Public Netbase*.

Als 1999 das Bundeswahlergebnis in Österreich feststeht und Jörg Haiders FPÖ mit ihren Neonazi-Parolen Koalitionspartner der ÖVP und damit Regierungspartei wird, trifft das Marie zutiefst persönlich.

Sie empfindet es als gesellschaftlichen Tabubruch. Sie findet Anschluss an eine Gruppe von KünstlerInnen, die sich aktivistisch engagieren; sie drucken Plakate, organisieren Demos und spektakuläre Aktionen. Eine von ihnen, VOLKSTANZ, versucht, elektronische Musik mit politischem Protest zu verbinden.

Marie schildert, wie sich MusikerInnen fast jeden Samstag auf einen Truck am Heldenplatz stellen und elektronische Musik „gegen Rechts" spielen, während Tausende von DemonstrantInnen „gegen Rechts" tanzen. „Wir dachten allen Ernstes, dass diese Partys die Regierung dazu bewegen würden, zurückzutreten", lacht sie. „Es war eine sehr kreative Form des Protests", fügt sie hinzu, „aber leider keine besonders effektive." Geblieben ist ihr die Erfahrung, was es bedeuten kann, aktivistisch tätig zu sein: ein Schild hochzuhalten, auf dem steht: „Das wollen wir nicht!", Dutzende Tage und Nächte durch die kalte Stadt zu laufen und dann zu sehen, wie doch alles wirkungslos verpufft. Es hat keinen nachhaltigen Effekt, es gibt keinen Dialog und auch keine Resonanz.
Sie ist immer noch aufgewühlt, wenn sie an „diese gewaltige Protestbewegung" denkt, an Zehntausende, Hunderttausende Menschen, die gegen Blau-Schwarz auf die Straße gehen und letztlich nichts erreichen. An die enorme Energie, die sie alle hineinstecken und die trotzdem verpufft. Warum? „Weil wir es nicht geschafft haben, die schweigende Mehrheit zu erreichen", meint sie, „sie in einen gesellschaftlichen Dialog zu bringen, in ein empathisches Miteinander und in eine ganz andere Form des Zuhörens." Sie ist sich sicher, dass gerade in dieser Zeit der schwarz-blauen Koalition Fremdenhass und Populismus wieder salonfähig werden.

Als Aktivistin will sie sich nicht mehr engagieren. Ein solches Engagement ist für sie nicht mehr ausreichend für gesellschaftliche Umgestaltung, besonders in Krisenzeiten, die sie als große Transformationsmomente begreift.
2001 wird Marie von den Grünen gefragt, ob sie bereit wäre, als Gemeinderätin zu kandidieren. Sie sagt Ja, gibt aber ehrlich zu, keine

Ahnung gehabt zu haben, worauf sie sich einlässt und was auf sie zukommt. Als Kunst- und Kultur-Sprecherin in Wien und jüngste Landtagsabgeordnete bringt sie neue Aspekte in die politische Landschaft, stößt neue Diskussionen an. Obwohl in der Opposition, schmiedet sie Allianzen über Parteigrenzen hinweg und gestaltet viel mehr, als typische OppositionspolitikerInnen meinen, gestalten zu können.

2004, lange vor Social Media, startet sie im Wiener Landtag einen mit Fotos und Kurznachrichten gefütterten Blog, der die Politik hinter den Kulissen sichtbar macht, um so einen transparenteren Dialog zwischen BürgerInnen und PolitikerInnen anzuregen. Sie will, „dass Menschen überhaupt erst einmal verstehen, was da im politischen Hintergrund passiert und dass diese medial vermittelte Wirklichkeit von Parlament und Landtag meist nur Schattentheater ist, weil das wirklich Relevante dort stattfindet, wo keine Kameras hinschauen".
Sie bringt die Open-Source- und Open-Data-Strategie der Stadt Wien auf den Weg, was bedeutet, dass die Zahlen und Daten der Stadtverwaltung den BürgerInnen öffentlich zur Verfügung gestellt werden, und zeigt damit, welchen gesellschaftlichen und wirtschaftlichen Wert Offenheit und Dialog haben. Sie initiiert die bis dato erfolgreichste politische Kampagne gegen Überwachung und für mehr Privatsphäre. Man könnte noch mehr Beispiele ihrer hartnäckigen, erfolgreichen Arbeit aufzählen.
Wie erlebt aber Marie Ringler persönlich diese Zeit als junge, noch unerfahrene Politikerin, die laut medialem Echo „mutig und visionär um Innovationen kämpft"? Erst mal ist sie überfordert. Als eine überzeugte Teamworkerin landet sie in einer Welt, die nicht auf Kooperation, sondern auf Konkurrenz ausgerichtet ist, einer Welt, in der Wertschätzung, Dialog und Auseinandersetzung nicht ansatzweise so positiv besetzt sind, wie man vielleicht denkt. Nicht einmal Effizienz in der Umsetzung proklamierter Ziele wird anerkannt.

„Angetrieben durch ständige Angst um die eigene Positionierung und Position kämpfen alle, jede und jeder gegen jede und jeden, in einem harten Konkurrenzkampf gegen den persönlichen Abstieg", so beschreibt sie das System, in dem sie gelandet ist. „Wer besonders gute Ideen oder besonders viel Zuspruch von außen hat, der wird zu einer Bedrohung für die anderen. Wer den Kopf rausstreckt, der wird bald um einen Kopf kürzer gemacht. So werden Mittelmäßigkeit und Ja-Sagen gefördert“, bilanziert Marie schonungslos. Sie ist überzeugt, dass es in diesem System zu wenig Platz für neue Ideen gibt, für offene, kontroverse Diskussionen, für Andersdenkende, für Menschen mit einer Vision. Der politische Betrieb ist für sie „menschenfeindlich und persönlichkeitsverändernd“ und hält die AkteurInnen in einem „Selbstbeschränkungskorsett“ gefangen. Anstatt „sich einzumischen, präsent zu sein, Haltung zu zeigen, anstatt die Verantwortung für ein politisches Klima im Land mitzuübernehmen, klagen PolitikerInnen oft über die eigene Ohnmacht, und so machen sie sich selbst klein und machtlos. Aus Angst, Fehler oder sich bei einem Konflikt zu viele politische Feinde zu machen, begeben sich viele lieber auf das sichere Terrain der Scheinaktivitäten“, schildert sie weiter den bekannten Mechanismus.

„Es ist wie ein Karussell künstlicher Aufregung“, lacht sie, „extrem unproduktiv, weil die wirklichen Probleme in dieser Aufregung untergehen. Wieder hat man jemandem gezeigt, wie mächtig man ist, wie clever oder wie toll. Und im Grunde wird nur an der Oberfläche diskutiert und niemand erlaubt sich, dem anderen recht zu geben.“ Laut Marie lässt sich dieses System auch nur schwer verändern, weil alle davon profitieren; PolitikerInnen befriedigen auf diese Art ihre Eitelkeiten, erhöhen ihre Medienpräsenz und holen sich so einen neuen Adrenalinkick. Aber auch Medien generieren damit Skandale und Skandälchen, um ihr Publikum ständig bei der Stange zu halten. „Das ist ein narzisstisches System der gegenseitigen Unterstützung von Politik und Medien, das gegenüber individuellen Beteiligten ziemlich gemein und niederträchtig sein kann.“

All das ist aber nicht der Grund, warum sie sich 2010, zur großen Überraschung aller, aus der Politik zurückzieht. Es ist auch kein Abschied von den Grünen, sie bleibt ihnen und ihren Themen weiter verbunden. Sie persönlich hat zwar viel erreicht, aber nach zehn Jahren politischer Arbeit in Landtag und Gemeinderat „mehr als genug“, sie will jetzt einfach nach neuen, wirksameren Gestaltungsmöglichkeiten suchen.

Und diese findet sie in *Ashoka*, der weltweit größten Organisation zur Vernetzung und Unterstützung innovativer, systemverändernder SozialunternehmerInnen, die darauf abzielen, die dringendsten gesellschaftlichen Probleme zu lösen. Und zwar nicht nur mit Geld, wie es in der Politik üblich ist, sondern vor allem mit mutigen, innovativen Ideen. Die Vielfalt der Themen und Bereiche, die *Ashoka* dabei vertritt, ist überwältigend: Da werden in Dhaka, Bangladesch, Mikrofinanzkredite von der Grameen Bank an Mittellose vergeben, meistens an Frauen, um sie bei ihren lokalen Geschäftsideen zu unterstützen. Im Ethno-Medizinischen Zentrum in Hannover werden sozial engagierte MigrantInnen zu Gesundheitslotsen für andere MigrantInnen ausgebildet. In Frankreich bringt die junge Muslimin Sarah Zouak den anderen muslimischen Frauen und Mädchen das öffentliche Sprechen bei, damit sie als Botschafterinnen ihrer eigenen Identität aus der passiven Rolle herauskommen und selbst über ihre Lebensumstände, ihre Haltungen und Ansichten erzählen können. Mit seiner *Väter GmbH* macht sich Volker Baisch für eine väterbewusste Arbeitswelt und Gesellschaft stark. Die Ärztin Lisanne Knop organisiert mit ihrem *Triaphon* einen rund um die Uhr erreichbaren telefonischen Übersetzungsdienst für Kliniken in 30 unterschiedlichen Sprachen. Clemens Mulokozi nutzt mit dem *Jambo Bukoba e.V.* die Attraktivität von Sport, um sich in Tansania für bessere Bildung, Gesundheit und Gleichberechtigung einzusetzen. Stephan Straka will die Roma Communitys in der Slowakei stärker in die Mitte der Gesellschaft holen und verhandelt mit der katholischen Kirche, deren riesige brachliegende landwirtschaftliche Flächen Roma-Familien zur Verfügung zu stellen, damit sie als LandwirtInnen ihre Existenz selbst sichern können.

Einige *Ashoka*-Projekte stehen Marie besonders nahe, wie das von Ana Bella Estévez, die jahrelang in ihrer Ehe Gewalt erlebte. Sie hat erkannt, dass misshandelte Frauen nicht allein auf ihr Leid reduziert werden dürfen, sondern darauf, dass sie überlebt haben. Die *Ana Bella Foundation* stellt so das Selbstverständnis misshandelter Frauen auf den Kopf, macht sie von Opfern zu Überlebenden und unterstützt sie dabei, ihr Potenzial zu entfalten und wieder Selbstvertrauen und Beschäftigung zu erlangen. Diese Änderung klingt einfach und plausibel, ist aber längst nicht überall anerkannt. Marie kritisiert klassische Plakatkampagnen in Österreich, in denen die geschlagenen Frauen mit einem blauen Auge zu sehen sind und darunter Telefonnummer und Adresse der Frauenhäuser: „Ein problematisches Framing, weil es nicht die Möglichkeit des Ausstiegs aus der Gewaltspirale und die Überlebenskräfte der Frauen in den Vordergrund stellt, sondern sie in ihrem Opferdasein festhält und diesen Status verstärkt."

Ein anderes Projekt, das sie heute für besonders wichtig hält, ist lösungsorientierter Journalismus (*Solutions Journalism*), ein Gegenentwurf zur Politik der Aufregung. Gleich zwei *Ashoka*-Fellows, beide hochkarätige Journalisten, beschäftigen sich damit: der Amerikaner David Bornstein und der Deutsche Michael Gleich. Sie setzen sich für einen Paradigmenwechsel bei der Nachrichtenauswahl und der Zielrichtung der Recherchen ein. Sie wollen, dass Nachrichten nicht nur auf Negativmeldungen reduziert und von der Jagd nach Sensationen, sondern von realitätsnahen Bildern bestimmt werden. Sie wollen fundiertes Verständnis für die Ursache der Probleme und damit mögliche Lösungsansätze fördern. Damit streben sie einen Kulturwandel in den Medien an, der wichtige Impulse für gesellschaftliche Fortschritte geben soll. Und lösungsorientierter Journalismus scheint gerade sehr erfolgreich in unterschiedlichste Medienhäuser weltweit einzuziehen, von der *New York Times* bis hin zur Deutschen Welle, zahlreiche Studien beschäftigen sich damit. Wie eine der BBC, die belegt, dass diese Art von Journalismus bei LeserInnen durchaus gut ankommt.

Ashoka arbeitet zurzeit mit weltweit rund 4000 UnternehmerInnen zusammen. Ihre Auswahl ist sehr selektiv. Marie schätzt, dass pro zehn Millionen EinwohnerInnen im Jahr weltweit nur eine Person gefunden werden kann, die den festgelegten Kriterien entspricht. Diese wird dann ins Netzwerk aufgenommen, finanziell und inhaltlich unterstützt und arbeitet dadurch an gemeinsamen Wertvorstellungen und ihrer Durchsetzung mit.

Marie Ringler arbeitet an vielen Fronten. Neben ihrer Tätigkeit als Chefin von *Ashoka* hat sie zahlreiche Aufsichtsratsposten inne und hält weltweit Vorträge. Darüber hinaus wurde sie 2019 Vizepräsidentin des Europäischen Forum Alpbach EFA, einer interdisziplinären Plattform für Wissenschaft, Politik, Wirtschaft und Kultur. Mit ihrer Arbeit, sowohl bei *Ashoka* als auch beim EFA, versucht sie, ihre Utopie zu verwirklichen, zu einer Welt beizutragen, in der sich alle als Verantwortliche wahrnehmen, einer Welt, in der Fähigkeiten und Potenziale mehr zählen als Positionen und Titel. Wo die eigene Selbstwirksamkeit gespürt und von der Gesellschaft wertgeschätzt wird. Dazu müssen sich auch die Kriterien der gesellschaftlichen Erfolgsmessung verändern. Nicht was man verdient oder besitzt, entscheidet über den Erfolg und die öffentliche Anerkennung, sondern die Größe des eigenen Beitrags für eine bessere Welt.

KATJA SCHECHTNER

Success is counted sweetest
By those who ne'er succeed.
To comprehend a nectar
Requires sorest need.

Emily Dickinson – Success Is Counted Sweetest

Irgendwann Ende der Neunzigerjahre treffen sich in der japanischen Großstadt Fukuoka an der Nordküste der Insel Kyūshū Vertreter zweier großer amerikanischer und japanischer Unternehmensberatungen. Sie sollen herausfinden, warum ein eigentlich vielversprechendes Städtebauprojekt zu einem massiven Misserfolg wurde. Die Bauherren haben alles richtig gemacht – in der Mitte ein Erlebnispark, der einen romantischen Besuch in Venedig simuliert, und rundherum ein gigantisches Shoppingcenter. Man erwartete täglich Tausende BesucherInnen, sie bleiben aber aus. Warum?
Unter den angereisten Herren herrscht ziemliche Ratlosigkeit. Die durchgeführten Analysen werden diskutiert, der Chef der japanischen Baugesellschaft *Fukuyama Consultants* ist höchstpersönlich erschienen und holt zu einem längeren Statement aus. Und plötzlich passiert etwas, das einem Skandal gleicht. Eine junge Praktikantin, die obligatorischen drei Schritte hinter den Managern, meldet sich zu Wort. Nein, sie meldet sich nicht, der angestaute Frust platzt vielmehr aus ihr heraus: „Sieht das denn keiner? Es sticht doch ins Auge, warum das Ding nicht funktioniert!"
Alle erstarren, manche geben ihr hektisch Zeichen, den Mund zu halten, sie aber lässt sich nicht mehr stoppen. Dass dieses Shoppingcenter innen schön und edel sein möge, aber von außen wie eine Betonfestung oder ein gewöhnliches Lagerhaus aussehe, abschreckend für alle potenziellen KundInnen, dass der Zugang nur mit Autos über die Tiefgarage nicht funktioniere, kurz: dass dieses

Objekt städtebaulich eine einzige Katastrophe sei. Katja, die junge österreichische Praktikantin, ist sich sicher, dass ihre Zeit in Japan mit diesem Auftritt zu Ende ist.

Sie ist ungefähr drei Monate zuvor aus Wien nach Kitakyūshū gekommen, eine Millionenstadt, „die außerhalb Japans kein Mensch kennt“. Drei Autostunden südlich von Hiroshima, zweieinhalb nördlich von Nagasaki, „mitten im Nirgendwo“. Den Praktikumsplatz hat sie an der TU Wien über das Austauschprogramm IAESTE (*International Association for the Exchange of Students for Technical Experience*) bekommen und sich riesig darauf gefreut.
Vor Ort wird sie von ihrem Arbeitgeber mit Begeisterung aufgenommen. Die junge, blonde Frau aus Wien wird überall bestaunt. Im Japanischen wird für blond das poetische Synonym „golden“ verwendet. Sie wird also *kinpatsu bijin* – Goldmädchen – genannt, und egal, was sie macht, es spricht sich sofort in der Firma herum, und irgendwann, so kommt es ihr zumindest vor, weiß es die halbe Stadt. Wie sie ihre Wochenenden verbringt, wo sie einkaufen geht, mit wem sie spricht und worüber sie lacht. Sie ist öffentliches Gut. „Die Menge an japanischen Händen, die ich von mir fernhalten musste, war wirklich enorm“, erzählt sie und beschreibt die in Japan durchaus verbreitete Gewohnheit, Frauen ohne deren Einwilligung anzufassen. Sie versucht, es im kulturellen Kontext zu sehen. Wenn es ihr zu viel wird, schließt sie sich in ihrer Wohnung ein und macht sich einen Kaiserschmarrn, falls sie Milch bekommt.
Aber eigentlich ist sie mit ihrer Situation zufrieden. Sie will die japanische Welt kennen- und verstehen lernen, die ihr überraschende Impulse für ihr Architekturstudium an der TU Wien gibt. Warum funktioniert alles in Japan so reibungslos? Und wenn einmal nicht, warum scheint nur sie selbst daran schuld zu sein? Sie beobachtet an Bahnhöfen, fasziniert und gleichzeitig angewidert, das „aus Maschinen und Menschen geschaffene Infrastruktur-Ballett“. Menschenmassen, die auf den Bahnsteigen eng aneinandergedrängt genau an jenen Markierungen stehen, wo die Türen der *Shinkansen*-Schnellzüge millimetergenau aufgehen werden. Und

dann von *Dispatchern* mit ausgebreiteten Armen in die Bahn geschoben, regelrecht hineingestopft werden. Alles ganz schnell, perfekt aufeinander abgestimmt. Alle bleiben dabei gelassen und gehen trotz der Enge meist rücksichtsvoll und sorgfältig miteinander um. Die Welt scheint für die JapanerInnen ein riesiger Organismus zu sein, dessen kleinstes Teilchen sie selbst sind. Und sie tun alles, damit er funktioniert. Katja vermutet, dass aus dieser Grundhaltung die japanische Technologie und Architektur wächst. Sie entscheidet sich, ihre Diplomarbeit über den japanischen Städtebau zu schreiben.

Dann bekommt *Fukuyama Consultants* eine Einladung nach Fukuoka, um das Venedig-Shoppingcenter zu evaluieren, sie fährt mit. Und jetzt steht sie da und wartet nach ihrem emotionalen Auftritt auf die Reaktion ihres Vorgesetzten, auf wütende Zurechtweisung und den sofortigen Rausschmiss. Aber ihr Chef lacht. Dann lachen alle. Einer der Bauherren fragt, ob *Fukuyama Consultants* geneigt wäre, Katja für einige Monate zu „verleihen". Katja lacht auch, wenn sie erzählt, wie ihr japanischer Chef sie dem anderen Chef sozusagen „als Geschenk überreicht". Und dass sich daraus, sowohl für sie wie für die Firma, eine spannende, innovative Zusammenarbeit ergibt. Woher nimmt Katja ihr Selbstbewusstsein, so gelassen mit Konventionen zu spielen?

Paradoxerweise verdankt sie das Großteils einer katholischen Privatschule in der österreichischen Kleinstadt St. Pölten: dem Mary Ward Gymnasium. Die Nonne Mary Ward, die im 17. Jahrhundert vehement für weibliche Jesuitenschulen kämpfte, als Ketzerin verfolgt wurde und dann in München eine Bildungsanstalt für Mädchen aufbaute, steht für anspruchsvolle Frauenbildung. In St. Pölten, wo Katja 1972 zur Welt kommt, ist das Gymnasium, das ihren Namen trägt, hochgeschätzt.
Als Katja dort Schülerin wird, ist es noch eine reine Mädchenschule, und sie engagiert sich für die Koedukation, schreibt Aufsätze, warum Mädchen und Buben gemeinsam unterrichtet werden sollten. Rückblickend muss sie aber zugeben, dass Frauen ihrer Generation

auch davon profitierten, in reinen Mädchenklassen zu lernen. Ohne ständig in Konkurrenz zu Jungen zu stehen, mussten und konnten sie ihre Begabung auch in als „unweiblich" geltenden Fächern wie Physik oder Mathematik entwickeln. „Wir waren eine richtige Streberinnenklasse, ständig hinter ambitionierten Zusatzaufgaben her, gut für die LehrerInnen, aber eigentlich schrecklich", schmunzelt sie heute darüber. Katja lernt dort, selbstständig zu denken, sich mit anderen Meinungen auseinanderzusetzen und ihre eigene zu bilden und zu verteidigen. Wie es sich eben für „eine richtige Jesuitin" gehört.

Katjas Mutter macht sich Sorgen, dass ihre Tochter am Mädchengymnasium den Umgang mit Jungen nicht lernt. Sie schickt Katja zu einem Computerclub, der 1984 von der Raiffeisenbank in St. Pölten gegründet wurde. Junge Leute lernen dort gratis unter Anleitung zweier Schüler der Höheren Technischen Lehranstalt, auf dem Commodore 64 zu programmieren. Anfangs ist Katja das einzige Mädchen im Club unter vielen älteren Jungen. Erst später kommen auch andere Mädchen hinzu. Katja ist 13 und völlig begeistert von der digitalen Welt. Sie begreift endlich, wozu die Mathe- und Geometriestunden in der Schule gut sind, mit Sinuskurven, Wendepunkten, Tangenten und exponentiellem Wachstum. Auch Inhalte anderer Fächer wie Geografie mit ihren Längen- und Breitengraden fügen sich plötzlich beim Programmieren in große Zusammenhänge. Digitalität wird für sie zu einem Schlüssel, die reale Welt besser zu begreifen. Sie öffnet ihr die Fenster zu verblüffenden neuen Kontinenten, zu neuen Perspektiven und Zusammenhängen. In dieser Zeit entscheidet sie sich, Architektin zu werden und in der Zukunft Städte zu gestalten. „Ich wusste zwar noch gar nicht, wie es so mit dem Leben und der Liebe funktioniert", sagt Katja, „aber was ich werden wollte, das wusste ich genau."

Und sie zieht es tatsächlich durch: 1990 schreibt sie sich als Studentin der Architektur an der Technischen Universität Wien ein. Sie besucht bereits im ersten Semester Vorlesungen zu Städtebau, die eigentlich erst für später vorgesehen sind. Sie macht aus jedem Entwurf, den sie in Rahmen ihres Studiums anfertigt, gleich ein ganzes städtebauliches Projekt. Als sie eine Mensa mit Dachterrasse für einen neuen Campus in Portugal entwickeln soll, plant sie auch gleich die Zugangsstraßen und die dazugehörende Landschaftsarchitektur mit. Bei einem Wohnbauprojekt in Frankreich, bei dem es darum gehen soll, Arbeiten mit Wohnen zu verbinden, entwirft sie eine großzügige Wohnturmanlage mit Anschlussstellen zum öffentlichen Verkehr.

Katja sucht sich meist Professoren – Professorinnen gibt es Anfang der Neunzigerjahre an der TU Wien kaum –, die mit ihren Studierenden internationale Projekte bearbeiten. Und sie engagiert sich bei IAESTE, einer Studierendenorganisation, die weltweit Praktikumstellen vermittelt. Später wird sie ihre Präsidentin. „Das kann man sich heute schwer vorstellen, heute ist die Welt ja eng zusammengewachsen“, lacht sie, „aber damals nach Ghana oder Japan zu gehen, das war noch irrsinnig aufregend!“
Durch den Austausch bei IAESTE merkt Katja, dass die meisten an der Uni in ihren eigenen Fachgebieten „eingesperrt“ sind. So bleiben ArchitektInnen unter sich, ebenso ElektrotechnikerInnen. Deren Leben spielen sich fast ausschließlich innerhalb dieser Kreise ab; dort finden sie ihre Motivation und Anerkennung, dort bilden sie sich ihre Meinung, suchen nach Ideen, lassen sich inspirieren. So entstehen dann Blasen und Echoräume, in denen Gleichgesinnte gleichgeschaltet denken, jegliche „unpassenden“ Einflüsse von außen ausblenden und nur das Bekannte und Vertraute lesen, diskutieren und leben. Katja ist von Schule und Computerclub an größere Öffnungen gewöhnt, wo intensive Auseinandersetzungen zwischen Jugendlichen aus unterschiedlichsten Interessengruppen und sozialen Milieus üblich waren. Gemeinsam mit ihrem WG-Kollegen, der auch bei IAESTE ist, stellt sie in ihrer Wohngemeinschaft zwei Zimmer für ausländische, oft wechselnde StudentInnen und PraktikantInnen zur Verfügung. Die Wohnung wird so nicht nur zur internationalen Begegnungsstätte unterschiedlicher Kulturen, sondern

auch zu einem sozialen Labor. Wenn ein verwöhnter Kolumbianer mit starken Machoallüren zur Belustigung der MitbewohnerInnen seinen Anzug in eine Waschmaschine wirft und ihn dann in Kindergröße wieder herausnimmt, wenn eine türkischstämmige Österreicherin mit einer offensichtlichen Essstörung mit dem introvertierten Mathegenie aus Oxford nächtelang über vegane Ernährung diskutieren will, dann sind das Situationen, die Empathie, Geduld und Toleranz lehren.
Toleranz ist für Katja ganz entscheidend, auch im Umgang mit Homosexuellen. Schon in St. Pölten kämpft sie vehement für ihre schwulen Freunde und deren Rechte und Gleichbehandlung. Als Studentin unterstützt sie jetzt die Arbeit der *Türkis Rosa Lila Villa* in Wien, einem Community-Zentrum für Lesben, Schwulen und Trans*Personen, demonstriert für die Rechte der Homosexuellen. Als sich in der Szene HIV immer weiter ausbreitet, das in konservativen Kreisen nicht selten als „Strafe Gottes" angesehen wird, verschlimmert sich die Situation; die entsprechenden Vorurteile eskalieren. Es gibt aber auch eine Gegenbewegung: viele, die dagegenhalten, die sich konsequent für eine andere Selbstverständlichkeit und andere Gesetzgebung einsetzen. Katja erzählt mit einem gewissen Stolz über ihre Generation, die diesbezüglich eine Menge erreicht hat: „Allein die rechtlichen Diskriminierungen zu benennen und sich für ihre Bekämpfung einzusetzen – das war eine enorme Leistung, die der heutigen LGBTQIA+ Bewegung eine gute Basis geschaffen hat."
„Das war toll an den Neunzigern", spricht sie weiter, „wir haben fest an unsere Wirksamkeit, an die Möglichkeit einer Veränderung geglaubt, egal, wie groß der Widerstand war. Diese Veränderung konnten wir dann im Alltag sofort spüren; das war ein großes Privileg damals." Der jungen Generation von heute, „die es viel schwieriger hat, weil alles viel komplexer geworden ist", würde sie solche Erfolgserlebnisse auch wünschen.

1995 beschließt Katja mit Optimismus und Kühnheit, vielleicht auch mit einem Schuss Naivität, ihr TU-Architekturstudium an der Columbia University in New York zu erweitern. Dort studieren und unterrichten die besten zeitgenössischen ArchitektInnen und StädteplanerInnen wie der berühmte Bernard Tschumi, der den Pariser Parc de la Villette entworfen hat, oder Peter Eisenmann, von dem das Holocaust-Mahnmal in Berlin stammt. Katja nimmt eine Mappe mit ihren Entwürfen, fliegt nach New York und erscheint – ohne Terminabsprache und den üblichen Bewerbungswegen – einfach in Tschumis Büro. Per Zufall trifft sie ihn dort auch persönlich an. Sie wolle unbedingt bei ihm lernen, erklärt sie ihm atemlos, kenne alle seine Arbeiten, habe aber weder Geld fürs Studium noch Zeit, die langwierigen Aufnahmeprüfungen für die Columbia University zu absolvieren, sie wolle ja nur lernen, als Gasthörerin ohne Abschluss. Vielleicht könnte sie dafür in seinem Büro aushelfen? Die Wahrscheinlichkeit, dass der Großmeister Tschumi auf das Angebot der jungen Österreicherin eingeht, ist extrem gering, aber er tut es. Zumindest auf seine Art. Unter dem Motto *„Don't ask for permission, ask for forgiveness"* macht er ihr Vorschläge, wie sie ihre Ziele ohne komplizierte bürokratische Wege erreichen kann.

Und Katja nutzt diese Chance. Als sie später über IAESTE ihr Praktikum in Japan bekommt, hält sie den Kontakt zur Columbia University aufrecht. Drei Jahre lang pendelt sie zwischen Wien, New York und Kitakyūshū. Was sie in Japan verdient, gibt sie für ihre Flugtickets aus. Nebenbei geht sie noch für vier Monate nach Cork in Irland, um die Kulturhauptstadt 2005 vorzubereiten, und für drei Monate nach Bergen aan Zee in den Niederlanden, um dort Städtebaumodelle für Wettbewerbe zu bauen. „Das war irre. Ich wusste nie so genau, auf welchem Kontinent ich gerade aufwache."

Weihnachten verbringt sie immer bei ihren Eltern in St. Pölten. Auch wenn ihr Verhältnis nicht immer einfach ist, eng ist es; sie erkennt sich in ihren Eltern teilweise selbst wieder. Jeden Heiligabend, während „die Mama den Christbaum und das Christkind vorbereitet", fährt Katja mit ihrem Vater durch halb Niederösterreich, um mit ihm wie schon in ihrer Kindheit „Säcke mit Salz durch den Schnee zu schleppen", um Salzlecken für die Wildtiere aufzustellen.

Ihr Vater ist Forstwirt, ein „Widerspruchsgeist", hat bereits vieles in seinem Bereich reformiert: Erneuerungen der Sägewerke, neuartige Anpflanzungen. „Wir haben es schon immer so gemacht" gilt für ihn nicht; ständig überprüft er alles auf Aktualität und sucht nach neuen, besseren Lösungen. Der Spagat zwischen Naturschutz und Rentabilität für die Bauern und Bäuerinnen, die vom Wald leben, ist sein Thema, sein Antrieb. Und er ist auch ein passionierter Jäger, im Gegenzug dazu fühlt er sich den Tieren verpflichtet, er kümmert sich um sie. Katja hat schon mit 13 ein Tier ausgeweidet, sie hat keine Berührungsängste mit der Natur.

Ihre Mutter erkrankt schwer, als Katja elf ist: Lyme-Borreliose, damals noch kaum bekannt. Sie ist viele Monate im Krankenhaus, stirbt beinah. Katja ist voller Bewunderung, wie zäh sie dann, wieder zu Hause, um die Beweglichkeit ihres gelähmten Armes kämpft, wie unnachgiebig sie ihre Übungen durchzieht, wie sie im Bad steht und ihren Arm immer und immer wieder gegen die Wand presst: „Mein Durchhaltevermögen, das hab ich von ihr." Wahrscheinlich kommt daher auch Katjas unbändige Lebenslust; sie versteht nicht, wie man sich langweilen oder aufgeben kann. „Ich habe schon sehr früh erfahren, dass das Leben nicht unendlich dauert." Sie will es also bis zur Neige ausschöpfen und ausleben.

2001 bekommt Katja bei einem der Heimatbesuche das Angebot, bei *arsenal research*, dem späteren Austrian Institute of Technology AIT, ein städtebauliches Projekt zu analysieren. Es handelt sich um ein außeruniversitäres, anwendungsorientiertes Forschungszentrum, was bedeutet, dass die Forschungsergebnisse schnell umgesetzt werden sollen. Und das liegt Katja außerordentlich. Sie nimmt das Angebot an, sagt ihre weiteren Projekte in Japan ab und bekommt knapp zwei Jahre später grünes Licht, ihre eigene Forschungsgruppe – *Human Centered Mobility Technologies* – zu gründen und interdisziplinär aufzubauen. Sie ist auf die Planung des öffentlichen Verkehrs angesetzt, soll analysieren, wie sich Individuen und Menschenströme in einer spezifischen Infrastruktur verhalten und wie man sie dann lenken kann. Dazu gehören Erkenntnisse aus Psychologie, Soziologie, Technologie, und das alles digital vernetzt.

Katja baut ihr Forschungsteam sehr unkonventionell auf; statt der üblichen Sekretärin stellt sie einen Assistenten an. Auch für Marketingpositionen, sonst oft mit Frauen besetzt, engagiert sie Männer. Dafür bemüht sie sich um Forscherinnen. Physikerinnen und Mathematikerinnen findet sie wider Erwarten relativ schnell, nur die Suche nach Logistikerinnen gestaltet sich schwierig. Mit der Zeit werden es etwa 45 MitarbeiterInnen; „kompetente, teamorientierte, wunderbare Menschen", meint Katja. Mit ihnen gemeinsam führt sie einen Kulturwandel herbei.
Doch an ihrem ersten Arbeitstag wird sie zunächst ernüchtert. Bei einem Rundgang durch die Büros und Werkstätten des Instituts sieht sie Arbeitsplätze, dekoriert mit Fotos von breitbeinigen Pin-up-Girls auf Lkw-Reifen. Ihr Chef, der sie herumführt, schämt sich, versucht verzweifelt, ihren Blick auf anderes zu lenken. Katja kann nicht fassen, was sie 2001 in einem österreichischen Forschungszentrum sieht. Aber anstatt sich zu beschweren, hängt sie einfach in ihrem Büro Reproduktionen klassischer Bilder von gut gebauten nackten Männern auf. Keine modernen Fotos – alte Meister, Kunst, wie der heilige Sebastian. Und die Message wird verstanden. „Nach ein paar Jahren war der David von Michelangelo dann ganz ohne weiblichen Gegenpart", lacht sie.

In den nächsten Jahren muss sie am AIT ständig beweisen, dass sie ihr Fach beherrscht und ihre Forschungsgruppe auch entsprechend gut leiten kann. Ständig begleitet sie die „implizite Erwartung", dass sie als Frau bestimmte Aufgaben nicht hinkriegt. Sie muss täglich nervenzehrende Kleinkämpfe durchstehen und sich nach Misserfolgen immer wieder selbst motivieren, sich trauen, offen gegen Zumutungen vorzugehen. Aber ihre Arbeitsgruppe erreicht erste Erfolge und der Job macht ihr zunehmend Spaß.
Wie verhalten sich Menschen im öffentlichen Raum, mit welchen Mitteln, welchen Navigationssystemen kann man sie lenken? Mit

diesen Fragen setzt sie sich Tag und Nacht auseinander. Eines ihrer bekanntesten Projekte in Österreich ist die Steuerung der BesucherInnenströme anlässlich der Fußballeuropameisterschaft 2008 rund um das Wiener Ernst-Happel-Stadion. Das mit über 50.000 Plätzen größte Stadion in Österreich ist an eine U-Bahn-Station angeschlossen. Katja schildert das Ergebnis einer Simulation, bei der alle Fußballfans gleichzeitig das Stadion verlassen und in Richtung U-Bahn drängen. Furchtbare Bilder, die man leider aus realen Ereignissen allzu gut kennt. Zwei Jahre später gehen die Fotos vom Unglück bei der *Loveparade* in Duisburg mit 21 Toten und Hunderten Verletzten um die Welt. „Menschenmassen können wie ein Tsunami aus Leibern wirken, wenn sie falsch gelenkt werden, und das muss man verhindern", meint Katja.
Ihre Forschungsgruppe erarbeitet ein mathematisches Modell, in dem berechnet wird, wie viele Fans gleichzeitig auf den Bahnsteig und in jeden einzelnen U-Bahn-Wagon passen, wie lange sie brauchen, um bestimmte Strecken zu passieren, und wie sie gelenkt werden können. Die Menge muss immer leicht in Bewegung bleiben, damit sie fühlt, dass es weitergeht. Staus können tödlich sein. Und es muss alles so gut organisiert werden, dass die Menschen tatsächlich die U-Bahn benutzen und ihre Autos zu Hause lassen, dabei muss garantiert werden, dass sie sicher an ihr Ziel kommen.

Und es gelingt. Die Ergebnisse dieser Forschungen finden sich in Publikationen wieder und werden auch in anderen Bereichen genutzt. 2009 lernt Katja bei einer Weiterbildung WissenschaftlerInnen des MIT, des Massachusetts Institute of Technology, kennen, die zum Thema Vernetzung von Technologie und Stadt forschen. Das MIT ist auf diesem Gebiet weltweit führend. Katja bekommt das Angebot, dort mitzuarbeiten.
Und wieder einmal wird sie zu einer Nomadin. In Wien forscht sie acht Monate lang am AIT, die übrigen Monate verbringt sie bei William J. Mitchells *Smart Cities* Gruppe am MIT Media Lab. Sie vernetzt beide Institute eng miteinander. Ein ständiger Austausch von WissenschaftlerInnen beider Institute gehört dazu. Und auch innerhalb

der EU und nach Asien baut sie die Netzwerke aus, lädt GastwissenschaftlerInnen ein und stellt ihre Gruppe auf die Arbeitssprache Englisch um. Ganz praktische Entwürfe für eigentlich utopische Zukunftsstädte entstehen.

2012 wird am AIT die Departementleitung ausgeschrieben. Katja bewirbt sich für diese Stelle, sie fühlt sich erfahren genug, mehr Verantwortung zu übernehmen. Ihre Forschungsgruppe ist stabil und kann viele Erfolge vorweisen, sie könnte also die Leitung ruhig in andere Hände geben. Doch die Stelle bekommt eine andere. „Es gab sicher unterschiedliche Gründe, vielleicht war auch mein Auftritt nicht gut genug", resümiert sie und will weiter mit ihrer Gruppe arbeiten. Die neue Leitung hat aber andere Prioritäten, Katjas Forschungsarbeit gehört nicht dazu. Viele ihrer fest angestellten WissenschaftlerInnen kündigen, ihr Team zerfällt. Katja ist fassungslos: „Wir haben doch alles erreicht, was man in der Forschung in diesem Bereich mit internationaler Vernetzung aufbauen und erreichen kann." Gleichzeitig ist sie stolz darauf, welche Positionen ihre ehemaligen MitarbeiterInnen annehmen: internationale Professuren, die Leitung von Verkehrs- und Umweltpolitikabteilungen bei in- und ausländischen Unternehmen und Behörden. „Es bleibt ein enges Netzwerk an KollegInnen und FreundInnen, das sich gegenseitig austauscht und unterstützt."

2013 wechselt sie zur Asian Development Bank (ADB) ins Sustainable Development und Climate Change Department und zieht auf die Philippinen, nach Manila. Sie weiß vorher nicht, was sie dort erwartet. Sie hat gerade die 40 überschritten und fühlt sich „von einem Abenteuergeist erfasst wie nie zuvor". Mittels ihres globalen „Gay friends of Katja"-Netzwerks, wie sie es selbst nennt, findet sie in Manila eine Riesenvilla, original aus den Fünfzigern, in der Teile des Films *Apokalypse Now* gedreht wurden. Dazu gehört skurriles Personal: ein Koch, der sich als Tangokönig von Manila entpuppt, ein Haus-, Pool- und Putzboy, dessen Handy sie ständig aus dem Pfandleihhaus auslösen muss, und ein Chauffeur, der entspann-

teste der Welt, der sie jeden Tag in die Bank fährt. Die Fahrt dauert zwei Stunden, aber das ist es ihr wert. Hier in der Villa wird sie zum Teil der Kunst- und Aktivistinnengemeinschaft rund um Carlos Celdran – dem sozial engagierten, skandalumwitterten philippinischen Künstler. Irgendwann zieht dann auch einer der bekanntesten, inzwischen völlig verarmten Widerstandskämpfer gegen das Marcos-Regime auf ihr Sofa. „Die anderen Banker haben mich für völlig verrückt gehalten – denn gleich neben meinem Küchenfenster lag einer der berüchtigtsten Slums von Manila. Aber ich dachte mir: perfekt zum Lernen für eine Entwicklungsbankerin im Infrastrukturgeschäft."
Und wieder pendelt sie, diesmal zwischen Manila und Boston, wo sie ihre Forschungsarbeit am MIT bis heute weiterführt. Später kommt noch Wien dazu, mit Gastprofessuren an der TU und der Angewandten.

Ihre Projekte bei der ADB sind äußerst spannend. Sie nimmt teil an der Entwicklung des öffentlichen Verkehrs in Vientiane, der Hauptstadt von Laos, und einer Buslinie im pakistanischen Peschawar, die für SchülerInnen einen sicheren Zugang zu Schulen bedeutet. Im Winter 2021 kann man über dieses Bus-Rapid-Transit-System viel in den Zeitungen lesen: Eine Journalistin fährt mit der Schnellbuslinie durch die Stadt und interviewt die Fahrgäste. Ein junges Mädchen erzählt, wie sich das Leben vieler StadtbewohnerInnen durch dieses neue, sichere Transportmittel verändert hat. Sie darf jetzt sogar zur weiterführenden Schule quer durch die Stadt fahren, was vorher undenkbar war. Dafür muss aber auch der Zubringerverkehr durch die engen Gassen zu Haltestellen funktionieren. Katja und ihr Team entwickeln also gemeinsam mit ihren KollegInnen vom MIT ein Dreirad mit Elektroantrieb und Automatisierungstechnologie.

„Das Schwierigste an der Umsetzung der Projekte waren nicht die technischen Herausforderungen, auch nicht die Finanzierung. Das Schwierigste war, die Projekte so zu gestalten und zu verhandeln, dass sie in die politischen Ziele des Landes passen und gleichzeitig

für die Bevölkerung langfristig sinnvoll sind. Mir wurde klar, wie wichtig abgestimmte, globale und lokale politische Rahmenbedingungen sind", erzählt sie.
Also zieht sie 2017 wieder einmal um. Diesmal nach Paris, wo sie bei der Organisation for Economic Cooperation and Development (OECD) die Position des *Advisors for Technology and Innovation* annimmt. Jetzt kann sie „ganz konkret die Rahmenbedingungen und Grundlagen der Gesetze für Technologieeinsatz im Verkehr diskutieren, verhandeln und Empfehlungen für 60 Staaten ausarbeiten". Von der Villa mit Personal in Manila wechselt sie in eine 40 Quadratmeter große Wohnung im dritten Stock ohne Aufzug, aber dafür von Hector Guimard erbaut, der auch die wunderschönen Art-déco-Eingänge der Pariser U-Bahn gestaltet hat. Und statt neben einem Slum wohnt sie jetzt im teuersten Bezirk Frankreichs. Sie will endlich wieder zu Fuß zur Arbeit gehen können und die OECD hat eben dort ihr Hauptquartier.
In Paris wird sie hautnah konfrontiert mit der Idee für die „Stadt der 15 Minuten". Anne Hidalgo, die amtierende Bürgermeisterin, will Paris neu ausrichten und zur Stadt der Zukunft machen, autofreier und grüner – die BewohnerInnen sollen alle wichtigen Orte innerhalb von 15 Minuten erreichen können. Zukunftssicher wird gerade auch Barcelona konzipiert, sagt Katja, als *Smart City 3.0*. Die Bürgermeisterin Ada Colau regt eine enge Verknüpfung der BürgerInnenbeteiligung mit Behördenzielen und neuen Technologien an.

Eigentlich plante Katja, 2021 wieder mal weiterzuziehen, in den globalen Süden. Doch dann kommt die Coronapandemie und sie kehrt zurück nach Wien, „um hier vom Küchentisch aus digital für Paris und Boston zu arbeiten und mich real um meine Familie zu kümmern". Und überraschenderweise schließt sich dann auch der Kreis zu ihrem ersten Job in Österreich: Sie wird im Mai 2021 zur stellvertretenden Aufsichtsratsvorsitzenden des AIT bestellt. „Irgendwie ist das fein, dazu beizutragen, dass hier Innovation und Wettbewerb entstehen können. Und das in sinnvoller Balance mit nachhaltigen Städten und gesicherter Infrastruktur."

EDIT SCHLAFFER

Und als der nächste Krieg begann,
da sagten die Frauen: Nein!
und schlossen Bruder, Sohn und Mann
fest in der Wohnung ein.

Dann zogen sie in jedem Land,
wohl vor des Hauptmanns Haus
und hielten Stöcke in der Hand
und holten die Kerle heraus.

Sie legten jeden übers Knie,
der diesen Krieg befahl:
die Herren der Bank und Industrie,
den Minister und General.

Da brach so mancher Stock entzwei
und manches Großmaul schwieg.
In allen Ländern gab's Geschrei,
und nirgends gab es Krieg.

Die Frauen gingen dann wieder nach Haus
zu Bruder und Sohn und Mann,
und sagten ihnen, der Krieg sei aus!

Die Männer starrten zum Fenster hinaus
und sahen die Frauen nicht an.

Erich Kästner – Fantasie von übermorgen

Am 3. November 2000 findet in Wien ein Event statt, das als historisches Ereignis beworben wird. Zum ersten Mal wird auf Initiative der Stadt Wien der *Men's World* Day gefeiert, der internationale Männertag. Mithilfe hochkarätiger Partner wie der Gorbatschow-Stif-

tung und der Medical Connection in Kooperation mit den Vereinten Nationen will man das Gesundheitsbewusstsein der männlichen Bevölkerung verändern und so Lebenserwartung und Gesundheit der Männer global verbessern. Illustre internationale Gäste reisen zur *Men's World Awards-Gala* in die Wiener Hofburg an, viele mit Privatfliegern; Nobelpreisträger Michail Gorbatschow verleiht Preise an Weltstars wie Schauspieler Maximilian Schell, Startenor José Carreras und Herzchirurg Prof. Christiaan Barnard. Großer Glamour also. Parallel wird unter dem Motto „Frieden und Humanität" für politische Inszenierungen mit starker Symbolkraft gesorgt; das Foto von Gorbatschow, wie er einer jungen Untergrundkämpferin aus Afghanistan die Hand schüttelt, gut elf Jahre nach dem Ende der russischen Besatzung, geht später um die Welt.
Doch gerade die Aufnahme dieses sorgfältig vorbereiteten Fotos wäre beinahe im letzten Moment geplatzt. Shala, die von einer Wiener PR-Agentur eingeflogene Aktivistin, sagt ihren Auftritt kurzfristig ab. Es ist später Vorabend des großen Tages, die Mitarbeiterin der Agentur ist völlig verzweifelt. Sie kontaktiert mitten in der Nacht die bekannte Wiener Sozialwissenschaftlerin und Feministin Edit Schlaffer, die auf einer Forschungsreise nach Pakistan afghanische Frauen in den Flüchtlingslagern am Rande Peschawars interviewt hat und sich, so hofft man, auch im Umgang mit afghanischen Frauen auskennt. Vielleicht schafft sie es ja, Shala umzustimmen.

Shala ist aufgeregt und will sofort wieder abreisen. Sie will keine Fotostaffage für die Mächtigen der Welt sein. Sie hält ihren für sie geplanten Auftritt für zynisch, ein Zeichen der Ignoranz und Arroganz. Sie vertritt RAWA, die *Revolutionary Association of the Women of Afghanistan*, die sowohl von den Taliban als auch von der Nordallianz verboten wurde, aber seit ihrer Gründung 1977 in Kabul beharrlich für Menschenrechte und soziale Gerechtigkeit kämpft. Sie filmt heimlich, wie Frauen und Mädchen von der Religionspolizei auf offener Straße geschlagen und verschleppt werden. Sie sammelt Gelder zur Unterstützung von Geheimschulen, kleinen Handwerksprojekten und medizinischen Netzwerken. Shala reist um die Welt,

um über die Gräueltaten der Taliban zu berichten; sie hofft, in Wien Verbündete zu finden und finanzielle Unterstützung für RAWA zu organisieren. Stattdessen soll sich ihre einzige Aktivität auf diesen einen Handschlag mit Gorbatschow für die Presse beschränken: nett lächeln und dem russischen Vertreter des ehemaligen Besatzers Afghanistans die Hand schütteln.
Im Morgengrauen präsentiert Shala ihre Bedingungen, unter denen sie bereit ist, sich an diesem „Männerspektakel" zu beteiligen; sie verhandelt hart und selbstbewusst. Mit Erfolg. So kommt Gorbatschow zu seinem Foto und Edit Schlaffer zur Erkenntnis, dass sie von Shala noch viel lernen kann und dass eine nachhaltige feministische Arbeit nur global sinnvoll ist.

Zur Feministin wird Edit mit zwölf, auch wenn sie es noch nicht so nennt. Sie wächst mit ihren Eltern – der Vater ist Beamter, die Mutter Lehrerin – im Burgenland auf, als die Familie vor eine große Entscheidung gestellt wird. Dem Vater wird ein höheres politisches Amt angeboten. Die Mutter ist begeistert, sie hält es für den lang ersehnten Schritt aus der Kleinstadt hinaus. Sie will endlich in die „weite Welt". Der Vater entscheidet sich aber dagegen, er liebt das beschauliche Leben in der Provinz. Und die Mutter kann nichts dagegen tun. Er bestimmt als Mann allein die Leitlinien der Familie. Das wochenlang unglückliche Gesicht der Mutter und ihr Satz: „Ach, wenn ich könnte, wie ich wollte ..." verwandeln die kleine Edit von einem braven Kleinstadtmädchen in eine Rebellin. Sie schwört, dass sie immer ihren Weg gehen wird und dass sie „immer können wird, wie sie will".

Ende der Sechzigerjahre inskribiert sie Soziologie und Publizistik an der Wiener Universität, und plötzlich findet sie sich mitten in der Studentenbewegung wieder, in einem radikalen Aufbruch. Die revolutionären 68er kommen oft, wie sie auch, aus kleinbürgerlichen, konservativen Verhältnissen, mit Eltern aus der Kriegsgeneration, doch es herrscht meist großes Schweigen in den Familien zu diesem Kapitel der eigenen Vergangenheit. Die männlichen

Protagonisten der 68er versuchen zwar, Tabus zu durchbrechen und sich mit der Geschichte und relevanten gesellschaftlichen Fragen auseinanderzusetzen, im Umgang mit Frauen orientieren sie sich aber eher an den weiter vorherrschenden patriarchalen Wertvorstellungen. Edit fühlt sich da nicht wirklich zu Hause, auch nicht im Straßenkampf. Und auch nicht im wohlmeinenden studentischen Versuch, die ArbeiterInnen mit Flugblätteraktionen zu begeistern.

Richtig erfasst wird sie von der Frauenbewegung. Diese öffnet ihr neue Welten, Zugänge zu spannenden sozialen Kontakten, zu ihr bisher unbekannter, inspirierender Literatur. „Ich fühlte mich noch nie so gut aufgehoben wie in der Gedankenwelt von Simone de Beauvoir", gesteht sie. Sie liest Gloria Steinem, Doris Lessing und Sylvia Plath. Besonders beeindruckt sie das 1966 auf Deutsch erschienene Buch *Der Weiblichkeitswahn* der US-Frauenrechtlerin Betty Friedan, eine für sie wegweisende Publikation, die international enormes Aufsehen erregt und millionenfach verkauft wird. Die Autorin schildert darin Lebenswege gut ausgebildeter, privilegierter amerikanischer Mittelschichtfrauen – ihrer ehemaligen Kommilitoninnen. Keine von ihnen hat es geschafft, sich im beruflichen Leben eine besondere Position zu erarbeiten. Sie alle heiraten, leben in komfortablen Vorstadthäusern, einige erziehen Kinder, trinken etwas zu viel, empfangen ihre heimkehrenden Männer und arbeiten daran, für sie attraktiv zu bleiben. Die „erwachsene" Welt draußen bleibt für sie unerreichbar. Edit staunt, wie viel weibliches Potenzial und Talent einfach ungenutzt bleibt. Und sie versteht, dass das Private auch sehr politisch sein kann.

Sie wird sehr jung Assistentin der Soziologie an der Wiener Universität. Die Ereignisse auf den Straßen, die Aufbruchstimmung, das alles bestimmt die Curricula ihrer Studierenden. Es herrscht ein Gefühl der vollkommenen Freiheit, alles scheint möglich und machbar, die Welt will neu erfunden werden und sie alle fühlen sich an ihrer Neuerschaffung beteiligt.

An der Universität gibt es sogenannte *feministische Consciousness Raising Groups* (bewusstseinsbildende Gruppen): Studentinnen kommen in Gruppen zusammen und sprechen über ihren Bewusstseinsprozess. Ein Stichwort fällt dabei sehr oft: selbst machen. Das ist entscheidend in der psychosozialen Entwicklung von Kindern: Schritt für Schritt selbst machen, bis die Autonomie erreicht ist. Frauen aber mussten für diesen eher selbstverständlichen Prozess über Jahrhunderte kämpfen. Warum ist er ihnen auch heute noch oft vorenthalten, fragte man sich.
Edit erzählt, wie bei diesen freundlichen Treffen in Wohnzimmern, es sind zu diesem Zeitpunkt noch keine öffentlichen Versammlungen, „der Kern gesellschaftlichen Aufruhrs" gelegt wird, wie „Berge von manifesten patriarchalischen Werten bei den Frauen ins Schwanken geraten".

Gewalt als treibende Kraft für das bestehende Geschlechterverhältnis wird für die entstehende Frauenbewegung zu einem zentralen Thema. Edit begeistert sich für Schneewittchen, die erste feministische Frauenband in Wien. „Sprengt eure Ketten!", fordert die Band von ihren weiblichen Fans. Sie befindet sich in einer Befreiungseuphorie, verfasst Texte zur Soziologie von Macht und Liebe, untersucht ihre Wechselwirkung.

Noch als Assistentin beginnt sie, an der Akademie für Sozialarbeit zu unterrichten. Sozialarbeiterinnen ihres Kurses werden täglich mit gesellschaftlicher und häuslicher Gewalt konfrontiert, wenn sie ihre Klientinnen in der Großfeldsiedlung besuchen. Sie liefern ständig neues Rohmaterial zu Edits Überlegungen über die Zusammenhänge zwischen Gewalt, Liebe und Macht. Dazu kommen schockierende Berichte aus Frauenhäusern. Sie versucht, ihre „gesellschaftlichen Fronterfahrungen" wissenschaftlich aufzuarbeiten, merkt aber, dass die begleitende Forschung zu diesem gesellschaftlich immer noch tabuisierten Thema nicht karrieretauglich ist. Sie weiß, die Universität ist nicht das Ziel ihrer Reise.

1978 schreibt sie als Co-Autorin zusammen mit Cheryl Benard ihr erstes Buch *Die ganz gewöhnliche Gewalt in der Ehe* und findet anschließend in der Ludwig Boltzmann Forschungsstelle für Politik und zwischenmenschliche Beziehungen in Wien eine Heimat für ihre Forschungen.

Zuerst aber, 1979, nimmt Edit an einer Studienreise nach Pakistan teil, wo Millionen von afghanischen Frauen als Flüchtlinge in Zeltlagern am Fuße des Hindukusch leben. Dieser Aufenthalt wird entscheidend für ihre weitere politische Arbeit. In Afghanistan sind gerade die Russen einmarschiert. Pakistan nimmt die Flüchtlingsströme großzügig auf. In Wien beschließt man, ein Komitee aus Wissenschaftlern und Strategen nach Pakistan zu schicken, „um die Situation dort zu erfassen und zu schauen, welchen humanitären Beitrag man zur Entspannung leisten kann". Für das Komitee sind ausschließlich Männer vorgesehen. Edit schlägt vor, dass auch eine Frauenexpertin mitgenommen werden sollte, und fährt schließlich selbst mit.

Der Besuch im pakistanischen Flüchtlingslager wird für sie zu einem Schlüsselerlebnis. Hunderttausende Flüchtlinge, die überwiegende Mehrheit von ihnen sind Frauen mit Kindern, füllen das Lager. Hilfsorganisationen stellen große medizinische Baracken auf, eine Art Krankenhaus mit ÄrztInnen und Betten. Große Verwunderung bei den Hilfsorganisationen: Es wird kaum genutzt. Aber muslimische Frauen, die oft allein mit ihren Kindern fliehen, dürfen ihre Zelte ohne männliche Begleitung nicht verlassen. So beobachtet Edit skurrile Szenen, wie einen fünfjährigen Jungen, der seine hochschwangere Mutter als ihr Behüter und Aufpasser zur Entbindung ins Krankenhaus bringt.

Für Edit ist diese „auf den Kopf gestellte Welt" eine klare Botschaft, ein Anstoß zum Aufwachen. Es wird ihr schlagartig klar, dass Frauen des globalen Südens auf der politischen Weltbühne nicht sichtbar sind. Kulturelle Gepflogenheiten, die sie oft in lebensgefährliche Si-

tuationen bringen und eindeutig gegen die allgemeinen Menschenrechte verstoßen, werden damals von internationalen Hilfsorganisationen oft gar nicht als solche erkannt und entsprechend nicht berücksichtigt. Nach ihrer Rückkehr nach Wien weiß Edit, dass es eine Priorität sein muss, ein Bewusstsein für geschlechtsspezifische Menschenrechtsverletzungen zu schaffen.
Diese Aufgabe nimmt Jahre, ja, Jahrzehnte in Anspruch. Edit erzählt von ihrem Treffen mit Frauen in Sansibar 2019, also fast 40 Jahre später. Gefragt nach ihrem schlimmsten Erlebnis, erzählt eine der Frauen von der Vergewaltigung ihrer fünfjährigen Tochter durch einen 18-jährigen Nachbarjungen. Als er überrascht wurde, gab sich der Bursche nicht mal Mühe, vom Tatort zu fliehen; er zog sich stattdessen seelenruhig wieder die Hose an. Und die Polizei schickte die Zeugin, die dem verwundeten Mädchen half, gleich nach Hause, ohne sie anzuhören. Für die Behörden ist dieses massive Verbrechen einfach ein Schicksal, das Mädchen nun mal erleiden können.

Parallel zu ihren Aktivitäten bei *Amnesty for Women* leitet Edit weiterhin mit Cheryl Benard die Forschungsstelle am Boltzmann Institut und verfasst mit ihr eine Reihe von Büchern zu feministischen Fragestellungen in Europa. Sie hat aber den Blick auch auf die Geschlechterunordnung in ihrem Umfeld gerichtet. Sie forscht zu alltäglichen Problemen im Berufs- und Privatleben von Frauen, wie in ihrem bekanntesten Buch *Rückwärts und auf Stöckelschuhen ... können Frauen so viel wie Männer* beschrieben.
Langsam wächst in ihr aber die Überzeugung, dass feministische Arbeit nur in globalen Dimensionen nachhaltig werden kann. Die berühmte Rede von Hillary Clinton, die diese zur vierten Weltfrauenkonferenz 1995 in Peking hält, bestärkt sie darin.
Und dann lernt sie in Wien Shala kennen, die Aktivistin von RAWA, und bekommt Einblick in ihr afghanisches Untergrundnetzwerk. Was sie dort vorfindet, hat sie nicht erwartet. Gut funktionierende Parallelwelten wurden von afghanischen Frauen, oft unter Einsatz ihres Lebens, unter dem Radar aufgebaut: medizinische Untergrundambulanzen mit Krankenschwestern und Ärztinnen, Untergrundschulen

für Mädchen mit Lehrerinnen in Wohnzimmern, oft ohne Lehrmaterialien. Die spätere erste Ministerin Afghanistans, Sima Samar, mit der Edit bis heute in Kontakt ist, organisiert solche Schulen in pakistanischen Flüchtlingslagern. Erstaunlich ist, dass diese Netzwerke auch über die Grenzen hinweg funktionieren, ohne der üblichen nationalen oder lokalen „Freund-Feind-Unterscheidung", selbst zwischen eigentlich verfeindeten ethnischen Gruppen, sogar Hazara und paschtunische Frauen kooperieren miteinander.

Edit vergleicht diese Aktivitäten mit den sogenannten interkonfessionellen Dialogen, angeführt von „immer denselben Herren in Nadelstreifen zusammen mit religiösen Führern in Roben, alte, einflussreiche Männer, die sich zwar miteinander verständigen, aber ohne konkrete Folgen für die Lebenswirklichkeit der betroffenen Menschen". Diese „Diplomatie der Rebellion" dagegen hat einen direkten Einfluss auf das Leben der Zivilgesellschaft.

Sie ist äußerst beeindruckt davon, was diese Frauen leisten. Es ist für sie wie eine Blaupause. Da entsteht die Idee für *Frauen ohne Grenzen*. Sie beginnt mit Palästinenserinnen und Israelis, Inderinnen und Pakistanis zusammenzuarbeiten, die bereit sind, mit Courage ethnische, religiöse und geografische Trennlinien zu überschreiten. „In den Tiefen des Problems liegt fast immer seine Lösung, man muss nur tief genug eintauchen, um sie zu finden", ist ihre Devise. Edit weiß, dass der Brückenbau mit dem Fundament beginnen muss, nicht von oben. Sie will sich dafür einsetzen.

Im Jahr 2000, sie ist inzwischen 50, verheiratet, ihre beiden Kinder sind bereits aus dem Haus, wagt sie einen gewaltigen Sprung in die Unsicherheit: Sie lässt das Boltzmann Institut hinter sich, macht Schluss mit der Forschung, deren Ergebnisse in stabilen Buchdeckeln gebunden „auf irgendwelchen ehrenwerten Regalen abgelagert werden", macht Schluss mit akademischen Tagungen, „wo sich ein KollegInnenkreis immer wieder dasselbe bestätigend erzählt". Ihr Umfeld ist verblüfft – in ihrem Alter ein neues Leben anzufangen! Ein Leben des Aktivismus, in unwegsamem, unkartiertem Gebiet! Sie ist aber fest entschlossen und bereit, jedes persönliche Risiko auf sich zu nehmen.

Deshalb steht sie 2001 im alten Wiener Rathaus und registriert die gemeinnützige NGO, ein globales Frauennetzwerk, *Women without Borders*. Sie hat ihr gewohntes Leben aufgegeben, die Komfortzone verlassen. Sie macht diesen Schritt zum Aufbruch ins Neuland, zur Erkundung neuer Territorien, gedanklich und physisch: eine bewusste Überschreitung persönlicher Grenzen; ein mutiger Schritt, zu dem sie im Laufe der nächsten Jahre noch viele andere Frauen animieren wird. Sie organisiert in Wien ihr neues Büro, nimmt einige Teammitglieder „aus ihrem alten Leben" aus dem Boltzmann Institut mit. Ihre Zeit gehört jetzt vollständig *Frauen ohne Grenzen*. In der führenden amerikanischen Feministin Robin Morgan, Autorin des bekannten Buches *Sisterhood is global*, findet sie eine Quelle der Inspiration. Morgan besucht sie öfter in Wien, spricht über das lang unterschätzte, enorme Potenzial von Frauen, über deren Veränderungskraft, auch wenn sie ihnen oft gar nicht bewusst ist oder in der Öffentlichkeit versteckt werden muss. Wie in Afghanistan, wo die Entscheidungen von Männern auf dem Schlachtfeld getroffen werden und Frauen zwar Konsequenzen in voller Härte erleben, erleiden und ausbaden müssen, aber keinerlei Einfluss darauf haben. Trotzdem sorgen sie für den Schutz ihrer Familien, ihrer Kinder, ihrer Umgebung und halten den Alltag am Laufen. Sie meint nicht, dass Frauen bessere Menschen sind; sie haben aber zweifelsohne eine stärkere Bodenhaftung, sind pragmatischer und fühlen sich stärker verantwortlich für ihre Familien und ihr Umfeld, was sie anders als die Männer an einem Ort hält. Die Sicherheit ihrer Kinder und ihrer Familie ist für sie das oberste Gebot.
Am 11. September 2001 wird die Welt vom größten terroristischen Anschlag in der amerikanischen Geschichte erschüttert. Zwei Flieger rasen nacheinander mit einer Geschwindigkeit von 750 km/h in die beiden Türme des World Trade Centers und zerstören dieses Symbol des amerikanischen Lebensstils. Fast 3000 Menschen aus über 90 Ländern sterben allein in den Türmen. Die Mutter eines der Terroristen entschuldigt sich später öffentlich für ihren Sohn, trifft sich mit der Mutter eines der Opfer; diese Szene sorgt für äußerst kontroverse Diskussionen. Die behördlichen Maßnahmen zur Be-

kämpfung des Terrorismus werden immer radikaler. Verbriefte Freiheiten der Zivilbevölkerung in demokratischen Gesellschaften werden massiv und dauerhaft eingeschränkt.

Für ihre Studie *Mothers for Change*, die sie mit Unterstützung des österreichischen Wissenschaftsfonds durchführt, befragt Edit etwa 1000 Mütter in Nordirland, Pakistan, Israel, Palästina, Nigeria und Österreich, deren Kinder in den islamistischen Extremismus abgeglitten sind. Für viele Mütter war die Radikalisierung ihrer Söhne oder seltener auch Töchter häufig kein Geheimnis, Gespräche darüber waren aber in ihren Familien tabu. „Unsere Sicherheit baut jetzt auf *hard power*, auf Militär, Nachrichtendienste, Polizei. Wir müssen die Pyramide auf den Kopf stellen. Zuerst kommen die Familien, die Communities, die Gesellschaft. Hier muss man die jungen Menschen festigen", sagt Edit in einem Interview mit dem Magazin *profil*.

2008 gründet sie die erste weibliche Anti-Terrorplattform SAVE – *Sisters Against Violent Extremism*. Sie bringt Frauen aus verschiedenen Ländern in Wien zusammen, die gemeinsam gegen gewalttätigen Extremismus mobilisieren wollen. Die Bevölkerung wird mittels innovativer Pilotprojekte aktiviert und eingebunden. Den Begriff „Dialog", der sich für sie wie eine „verstaubte, alte Mottenkiste" anfühlt, will sie mit neuer Dynamik füllen, mit neuen Inhalten. Sie ist von der Kraft der Begegnung, des Miteinanderredens fest überzeugt, mehr als von der Wirksamkeit von polizeilichen und militärischen Maßnahmen. SAVE wird aktiv in Indien, Jemen, Pakistan, in Israel und Palästina, später auch in Spanien, Nordirland und Großbritannien. Von der Wiener Zentrale werden dichte Netzwerke aus Bloggerinnen, Journalistinnen und diversen Frauengruppierungen in den jeweiligen Ländern geknüpft, aber auch Kontakte zu offiziellen Stellen und Machthabern aufgenommen. Die Plattform findet rasch große internationale Anerkennung. Edit wird 2010 von der US-Nachrichtenagentur *Women's News* zu einer der *21 Leaders of the 21st Century* gewählt. Ihre Dankesrede klingt wie ein Manifest: „Frauen sind die Architektinnen einer friedlichen und gleichberechtigten Welt. Sie haben gute Sensoren, um Alternativen zur Gewalt zu finden und eine neue Kultur des Dialogs und des Zusammenlebens zu entwickeln."

Bei ihrem Besuch in Chudschand, der zweitgrößten Stadt in Tadschikistan, wird ihr schlagartig das Dilemma vieler Frauen vor Ort klar. Deren Kinder werden von islamistischen Rekrutierern von der Schule weg in Moscheen gelockt, wo man ihnen die radikale Auslegung des Islams eintrichtert. Mit welchen Argumenten können Ihre Mütter dagegen angehen? Nur wenige haben eine formale Bildung, die über die Grundschule hinausgeht. Sie werden von ihren Söhnen zwar geliebt, aber intellektuell nicht ernst genommen. Rosaria, vierfache Mutter, fasst es treffend zusammen: „Wir Mütter müssen zurück auf die Schulbank." Das trifft Edit wie ein Blitz. Sie denkt an ihre Studienzeit, an ihre feministischen Gruppen, wo Frauen lernten, sich selbst zu vertrauen, Gedanken zu ordnen und auszusprechen.

Im Winter 2013 startet in Chudschand das *MotherSchools: Parenting for Peace*-Programm. Danach folgen weitere in Nigeria, Indien, Pakistan und Indonesien. „Wir haben oft solche Angst vor Diskussionen mit unseren Kindern, dass wir gar nicht mehr mit ihnen kommunizieren", sagt Archana Kapoor aus Indien bei einem Treffen. Der Bildungsauftrag der *MotherSchools* konzentriert sich auf zwei Pfeiler: Kompetenz und Selbstvertrauen. Die Frauen lernen, dass sie weder für ihre Familien noch für die Gesellschaft etwas erreichen, wenn sie nicht selbstbewusst und gut informiert sind. Sie sollen ihr angeborenes oder auch anerzogenes Bedürfnis nach Harmonie überwinden und sich Konflikten offensiv stellen. Dazu gehört auch das Einüben von aktivem Zuhören. Nach Abschluss der *MotherSchools* feiern die Teilnehmerinnen ihre Graduierung. Sie sind jetzt *local leaders*, Multiplikatorinnen. Sie haben den Auftrag, das Gelernte weiterzutragen.

Gewalt und Extremismus gehen Hand in Hand. „Häusliche Gewalt ist ein globales Phänomen", sagt Edit, „sonst hätten wir in Österreich keine Frauenhäuser nötig. Je abhängiger eine Frau wirtschaftlich, mental, familiär ist, umso ausgelieferter ist sie. Die Gefahr, dass sie misshandelt wird, wenn sie sich wehrt, wenn sie ihre Rechte einfordert, ist immer gegenwärtig." Deswegen werden in den *MotherSchools* auch mögliche Abwehrstrategien geübt. Dazu gehört es, Netzwerke zu bilden, die einander unterstützen. Edit erzählt ein Beispiel aus Sansibar: Eine Mutter kommt trotz größerer akuter Verletzungen, die der Ehemann ihr zugefügt hat, zum Unterricht, weil sie gerade in dieser Situation die Unterstützung der anderen Mütter besonders benötigt.

In Kaschmir erlebt Edit etwas, das die Gründung erster *FatherSchools* anregt. Bei einer Graduierungsfeier hört sie plötzlich draußen Aufruhr und Geschrei. Es sind die Ehemänner und Brüder der Absolventinnen. Sie sind neugierig, wollen wissen, was da drin passiert mit ihren Frauen und Schwestern. Edit bittet sie herein. Es kommt zu einer lebhaften Diskussion zwischen allen Beteiligten. Die Frauen sind frisch geschult, ihre Gedanken zu formulieren und selbstbewusst auszusprechen, die Männer sind überrascht. Aber sie lassen sich überzeugen, dass es nicht gegen sie gerichtet ist. Edit merkt bald, dass für eine nachhaltige Lösung auch die Männer einbezogen werden müssen.

Wenn sie von ihrer Arbeit erzählt, wird alles andere für sie nebensächlich; es ist ihr Element, ihr Leben. „Wir gehen in gefährdete Gebiete, knüpfen Kontakte zu Sozialarbeiterinnen, zur Regierung vor Ort, suchen NGOs als Partner. Wir aktualisieren immer wieder unser Standard-Lehrmaterial mithilfe von Übersetzerinnen und zukünftigen Lehrerinnen, gehen auf lokale Umstände und typische Konfliktsituationen ein. So können die Mütter letztlich ihren gefährdeten Söhnen und Töchtern mehr und überzeugendere Argumente entgegensetzen, müssen sie den extremistischen Rekrutierern nicht mehr kampflos überlassen."
Belohnt wird sie durch die positive Entwicklung der Frauen in den *MotherSchools*. In Skopje, der nordmazedonischen Hauptstadt, wo

Frauen ohne Grenzen schon seit fünf Jahren durchgehend aktiv ist, waren Frauen zu Beginn des Programms sehr zurückhaltend und schüchtern. Schon nach wenigen Monaten sind erstaunliche Veränderungen festzustellen. Bei der öffentlichen Graduierungsfeier wandert das Mikrofon von Teilnehmerin zu Teilnehmerin, die sich mit vielen Anekdoten zu Wort melden. Das sind wahre Glücksmomente, Belege für eine außerordentlich positive Entwicklung der Frauen.

International erfährt Edit Schlaffers Arbeit immer größere Anerkennung. 2012 wird sie vom Nachrichtenmagazin *Newsweek* als eine der Top 150 Frauen, die die Welt verändern, ausgezeichnet. 2014 nimmt die Nachrichtenseite *The Daily Beast* sie in die Liste der *World's Women of Consequence* auf. Ein Jahr später erhält sie den Aenne Burda Award for Creative Leadership und den Friedenspreis des Frauennetzwerks Soroptimist International of Europe. Und 2018 wählt sie das Magazin *Reader's Digest* zur Europäerin des Jahres.

Die *MotherSchools* sind aktuell in 16 Ländern und auf drei Kontinenten tätig. Sogar die Coronapandemie konnte ihre Aktivitäten nicht unterbrechen. Mit einer verblüffenden Selbstverständlichkeit stellten sich die teilnehmenden Frauen auf Video- oder Telefonkonferenzen um, je nach technischer Gegebenheit.
Mit dem Erfolg des Programms wächst für Edit und ihr Team die Bedeutung eines Schlüsselbegriffes, der immer wichtiger, dringlicher, relevanter wird: globale Verantwortung. Und immer entscheidender wird für sie das Ringen um Menschenrechte, deren Verletzung inzwischen für sehr viele zum Alltag gehört. Opfer sind dabei längst nicht nur Frauen. Es sind alle Menschen, die aktiv teilhaben wollen an der Gestaltung von demokratischen Gesellschaften; BloggerInnen, Medienschaffende, die Zivilbevölkerung. „In vielen von Autokraten regierten Ländern wird diese Teilhabe unterdrückt und sanktioniert, teils Leib und Leben der Aktiven bedroht", sagt Edit. Und weist auf die Liste der inhaftierten und getöteten JournalistInnen hin, die immer länger wird. Im Jahr 2020 waren es weltweit 45, die in Ausübung ihrer Tätigkeit getötet wurden.

Die Welt ist grenzenlos geworden. So wie der massenhafte Kohlendioxidausstoß und der dadurch immer weiter beschleunigte Klimawandel mit gewaltigen Überschwemmungen und Hitzewellen oder das Coronavirus nicht an Grenzen aufgehalten werden können, so wenig kann der Frieden in Europa langfristig ohne eine friedlich prosperierende Zukunft der aktuell kriegsgeschüttelten Länder gedacht werden. Denn auch Terrorismus und Migrationsströme überwinden jede Grenze: „Es ist in unserem höchsteigenen Interesse, für globale soziale Gerechtigkeit zu sorgen."

Edit sieht eine wirksame Veränderung nur mit einer „Graswurzelbewegung" erreichbar, also einer Initiative, die aus der Bevölkerungsbasis kommt: „Wir brauchen keine starken Macher, keinen Wettbewerb, keinen Geniekult, wir brauchen einen mächtigen Chor, ein Gemeinschaftsgefühl, eine neue Melodie." Denn: „In der Familie, dem elementarsten Teilchen der Gesellschaft, zeigen sich die Auswirkungen der großen gesellschaftlichen Probleme unmittelbar und am klarsten. Hier erfährt man am ehesten, was regional, national und global verändert werden müsste." Deshalb setzt sie ihre große Hoffnung auf einen flächendeckenden Erfolg der *MotherSchools*, in denen Mütter als Multiplikatorinnen ausgebildet werden. Einige der Absolventinnen sind bereits in Führungsfunktionen von NGOs angekommen und werden so verstärkt wirksam. Manche klettern die Machtpyramide weiter hoch, kommen in Beratungsgremien, in die lokale Politik. „Für die Rettung dieses Untergangsplaneten", resümiert sie, „für das Stoppen dieser sich abwärts drehenden Spirale muss die Definition, was Ausbeutung ist, weiter gefasst werden; Ausbeutung von Frauen und der Natur gehören untrennbar dazu." Frauenpower ist für Edit für die positive Gestaltung der Zukunft entscheidend. „Diese Botschaft müssen wir in die Welt tragen und die Mütter in ihren Familien so weit unterstützen, wie es nur geht."

Was sie sich für die Zukunft konkret wünscht? Dass *MotherSchools* zu einer Bewegung werden wie die SOS-Kinderdörfer, die auch in Österreich ihren Ausgang hatten. Und dass die jungen Leute heute etwas von der Zuversicht und Hoffnung der Generation vor ihr übernehmen. Denn auch viele Jahre später, im Rückblick, staunt Edit, was für ein glückliches Zeitfenster ihre eigene Generation gehabt hat. „Wir waren so privilegiert im Vergleich zur Jugend heute, die zwischen Karriereplanung, Selbstvermarktung und zunehmenden Zwängen balancieren muss. Das sind ja alles Vokabeln, die es damals noch nicht wirklich gegeben hat. Wir hatten das Gefühl, frei zu sein, so unglaublich frei."

BEATE WINKLER

Nicht müde werden,
sondern dem Wunder
leise, wie einem Vogel, die Hand hinhalten.

Hilde Domin – Nicht müde werden

Ein weißes Blatt Papier. Wie reagiert es auf Farben, auf einen kleinen Tupfer? Trocken und leicht beschichtet behält es seine Form. Aber ein nasses Papier, noch dazu ein mit der Hand geschöpftes, lässt diesen Tupfer wachsen und je nach Wassermenge – ZACK! – unkontrolliert explodieren. Wie kann sie in den Dialog mit dem Papier eintreten? Schier unerschöpfliche Möglichkeiten und Mittel stehen zur Verfügung: Farben, Tinte, Pinsel, Schwämme, Wasser, Stifte, Lappen, Kämme, Hände, Füße – alles, was sie umgibt und was sie ist. Kann sie dem Papier ihren Willen aufzwingen? Oder ist sie letztlich bereit, sich auf das Überraschende, Unvorhergesehene, Anarchische einzulassen, auf eine Abenteuerreise, ohne zu wissen, wo sie am Ende landet?

Solche Reisen lassen für Beate die Zeit verschwinden. Zumindest die, die in Stunden und Minuten zerschnitten ist, ständig an Termine erinnert, an Aufgaben, an To-do-Listen. Zeit verliert dabei ihre scharfen Kanten, ihre antreibende Gehetztheit und wird, bescheiden-unauffällig, zu einem milden, sie sanft tragenden Fluss, wie in ihrer Kindheit. Und Beates Kopf ist beim Malen kein Kampfplatz mehr, kein Gerichtssaal. Es gibt in diesem Moment nur das Papier, Wasser, Farbe, sie – und Inspiration.
Muss sie ihre Bilder an die Wand nageln? Sie kann sie doch auch ein- und ausrollen, sie an die Decke hängen und zu fliegenden Skulpturen werden lassen.

In Beates Dachgeschosswohnung, groß und lichtdurchflutet, schweben diese Skulpturen in allen drei Dimensionen im Raum verteilt.

Sie sind ihr Erkennungsmerkmal als Malerin. Die kleinen stehen aufgereiht auf dem Boden unter den riesigen Fenstern und unterstreichen den überwältigenden Ausblick auf den 1. Wiener Gemeindebezirk und darüber hinaus: Stephansdom, Börse, Votivkirche. Ein großer Bilderstapel liegt daneben. Beate bereitet gerade mehrere internationale Ausstellungen vor, im rumänischen Temeswar, in Barcelona und Istanbul, und macht eine Inventur aller ihrer verbliebenen Bilder, schleppt sie aus dem Keller in die Wohnung oder in ihr Atelier eine Etage darunter. Dort entstehen auch gerade neue.

Diese Aktivitäten gehören zu Beates neuem Leben. Es ist noch gar nicht so lange her, dass sich ihr großer Umbruch-Ausbruch-Aufbruch ereignete. Ihr Vertrag mit der EU-Grundrechte-Agentur, die sie in Wien gegründet und neun Jahre lang geleitet hat, läuft aus. Die ihr zugesicherte Professur am Europakolleg in Brügge platzt, und ihr Buchprojekt wird vom Verlag wegen Sparmaßnahmen abgesagt. Sie hat keinen Einfluss auf diese Ereignisse, sie bestimmt nicht selbst, es wird über sie bestimmt. Leere. Ihr Leben lang darauf ausgerichtet, perfekt und effizient zu funktionieren, Probleme zu lösen, Pläne zu entwerfen und umzusetzen, steht sie plötzlich ohne Plan da. Sie ist 59 und, wie es ihr scheint, ohne konkrete Zukunftsaussichten, ihrer Identität beraubt und mitten im Nichts. Sie beschließt, „sich selbst zuzuhören", und fragt sich, was sie „eigentlich noch leben will". Sie gibt sich ein Jahr Zeit, um es herauszufinden; ein Jahr ohne Zielsetzungen, ohne gewohnte Tagesabläufe, ohne die vielen Menschen um sie herum, die auf ihre Impulse warten. Das ist nicht einfach für sie. Sie bekommt immer wieder Angst, „aus dem System rauszufallen", immer wieder verliert sie den Glauben an ihre neuen Chancen. An Umbrüchen aber ist ihr Leben schon immer reich, seit sie denken kann.

Ihre Kindheit in Dresden in den Fünfzigerjahren beschreibt Beate als „eine Restidylle in einer total zerstörten, traumatisierten Stadt". Die Zeit ist brüchig, die aus der Kriegsgefangenschaft heimkehrenden Männer sind für manche Familien ein Glücksfall, für andere ein Pro-

blem. Ihr Vater gerät als junger Arzt bei der Landung der Amerikaner in der Normandie in englische Gefangenschaft, einer ihrer Onkel in russische, ein anderer fällt in den letzten Tagen des Krieges.
Dresden ist fest in sowjetischer Hand; die Menschen sind ängstlich und misstrauisch. Das Essen ist knapp, aber die Mutter hat als Köchin Fantasie. Und ist um die Form besorgt: Sie deckt den Tisch gutbürgerlich mit dem verbliebenen Porzellan und dem Silberbesteck. Da Beate nun einmal ein Mädchen ist, „geplant" war eigentlich ein Junge, muss sie sich auch bei Tisch entsprechend benehmen. Draußen dann, im Freien, tobt sie sich aus. Dort gibt es für Kinder wahre Spielparadiese: zerstörte Gebäude, verwachsene Gärten rund um ihr Familienhaus, zerfallene Gartenhäuschen, wild wuchernde Rosen und Hecken, die feuchten Flussauen der Elbe. Beate erspielt sich mit ihrer gleichaltrigen Cousine die Welt, sie bauen Häuser, Autos und Geisterbahnen, schlüpfen in die Rollen der vor Ort stationierten russischen Soldaten oder streitsüchtiger NachbarInnen, imaginieren Abenteuerreisen in ferne Länder. Dieser Freiraum ist ein enormes Geschenk für sie, eine unerschöpfliche Ressource für alles, was ihr das Leben später noch abverlangt.

Dann, 1958, noch vor dem Mauerbau, flieht sie mit ihrer Familie in die BRD, nach Köln. Im reichen Stadtviertel Marienburg wird die Flüchtlingsfamilie aus dem Osten nicht gerade mit Begeisterung aufgenommen, obwohl der Vater als Arzt für ein bescheidenes ökonomisches Auskommen sorgen kann. Sie sind arm in einer Welt, die sich über Geld definiert, und das wird für Beate schnell zur Belastung. In der Schule kann sie nicht, wie in Dresden, mit Fantasie, Spiellust und Begabung bei den Gleichaltrigen punkten; sie ist „uncool" angezogen, wird nicht vom Chauffeur des Vaters herumkutschiert, verbringt keine Ferien in Italien und die geltenden Kommunikationscodes beherrscht sie auch nicht. Als sie dann von einer Geburtstagfeier in ihrer Klasse, auf die sie sich schon lange gefreut hat, als „Flüchtlingskind" ausgeschlossen wird, bricht ihre alte Welt endgültig zusammen. Es ist ein traumatischer Moment, der sich so stark in ihr Bewusstsein einbrennt, dass er für sie zu einem Sinnbild

des Umbruchs per se und ihr ewig im Kopf bleiben wird. Auch ihr Engagement für Menschenrechte hat hier seine Wurzeln. Und ihr Verständnis für Migration und Flüchtlinge. So sieht sie die ehemaligen DDR-BürgerInnen nach der deutschen Wiedervereinigung als EinwanderInnen, ohne dass sie es selbst wüssten: „Die, die blieben, gingen zwar nicht über Grenzen, aber Grenzen sind über sie hinweggegangen. In ihrem eigenen Land landeten sie plötzlich in einer völlig neuen Welt", meint sie.
Beate als Kölner Schülerin verzweifelt aber nicht, sondern ringt mit ihrer neuen Realität, versucht, sie pragmatisch anzupacken. Zuerst bei sich zu Hause, mit ihren verunsicherten, bürgerlich geprägten, auf Sicherheit bedachten Eltern. Sie positioniert sich in ihrer Familie als eine Problemlöserin: „Hier bin ich. Wo ist ein Problem? Wo ist die Aufgabe?" Das eigene Leben und das ihrer Familie in die Hand zu nehmen, verleiht ihr Sicherheit. Und wenn gerade mal keine Probleme drängen, kreiert sie auch schon mal welche, um sie dann zu lösen.

Sie tritt einer Laien-Theatertruppe bei, bei der sie ein Gefühl für Rollenspiele bekommt, auch für die im „richtigen Leben". Bei den Proben muss sie oft an ihren Großvater denken, der 1947 für acht Jahre im sowjetischen Gulag landete und dort lebensgefährliche Situationen nur überlebte, weil er die notwendige Distanz zu ihnen schaffte; er erklärte sie einfach zu einem Film mit Happy End. Mit 75 kam er ungebrochen zurück. Gefragt, woher er die Kraft genommen habe, antwortete er: „Wieso? Ich hatte dort die besten Gespräche meines Lebens."

Beate schlüpft leidenschaftlich gern in unterschiedliche Theaterfiguren. Da sie schon mit zwölf ihre heutige Körpergröße erreicht hat, wird sie auch oft für Männerrollen eingesetzt, weil „eine Prinzessin selbstverständlich nicht größer sein darf als der Prinz". Sie will aber gerne auch mal eine Prinzessin sein oder zumindest ein niedliches, bei einer Hochzeit Rosenblätter streuendes Mädchen. Diesen Wunsch erfüllt sie sich erst mit Mitte 60, als sie, zum Erstaunen von Hochzeitsgästen, zusammen mit einem kleinen Mädchen der Braut die Blumen streut.

Aber damals in Köln erprobt sie sich auf der Bühne das Leben. Und sie experimentiert so heftig mit ihren Rollen, möchte so gerne alle möglichen Aspekte ausschöpfen, dass sie ihre Truppe zur puren Verzweiflung treibt. Sie lässt sich auf keine Festlegungen ein, hält keine Verabredungen ein und testet bei jeder Probe etwas völlig Neues aus. Sie gewinnt dadurch auch eine große Flexibilität. „Man konnte mich später überall hinstellen, in den Élysée-Palast oder in Kleinkleckersdorf – und ich funktionierte", sagt Beate. Vielleicht auch deswegen erzählt sie so oft eine ihrer Lieblingsgeschichten. Sie handelt von Ed, der im Zweiten Weltkrieg als siebenjähriger jüdischer Junge von den Eltern getrennt und von der Résistance versteckt wird. Er muss in wenigen Monaten 19-mal seine Wohnung wechseln, muss immer wieder eine neue Identität annehmen und sich einer neuen Umgebung anpassen. Mal muss er calvinistisch, mal katholisch und mal sozialistisch auftreten, nur nicht als das, was er ist: ein kleiner jüdischer Bub. Dieser Junge, Ed van Thijn, wird später zum langjährigen beliebten Bürgermeister von Amsterdam. Seine Anpassungsfähigkeit hilft ihm enorm in dieser Stadt der riesigen kulturellen und religiösen Vielfalt. Er kann sich leicht in Menschen mit verschiedensten kulturellen Hintergründen versetzen und Empathie für sie entwickeln, egal ob surinamisch, molukkisch oder muslimisch. Er hat es geschafft, ein Trauma zu einer Ressource umzuformen. Diese Geschichte ermöglicht Beate rückwirkend neue Zugänge zu ihrer eigenen als Flüchtlingskind.

Aus der Zeit der Kölner Laiengruppe ergibt sich wahrscheinlich Beates Affinität zum Theater. So engagiert sie sich von 2015 bis 2020 stark im Vorstand der Wiener Volkstheater-Freunde. Besonders unterstützt sie Projekte, die das Theater in die Stadt tragen und die Stadtbevölkerung – von SchülerInnen bis zu SeniorInnen, von GymnasiastInnen bis zu Flüchtlingen – in ihre Arbeit einbinden.

Selbst Schauspielerin zu werden, daran denkt sie aber nie. Wenn schon ein künstlerischer, kreativer Beruf, dann eher Innenarchitektin. Aber diese „Spinnereien" werden von ihrer Familie abgeblockt; Beate soll etwas lernen, das ihr Wohlstand und Sicherheit verspricht. Ihr Vater, Arzt und begeisterter Hobby-Jazzpianist, hat seit der Flucht nie wieder den Deckel eines Klaviers geöffnet. Künstler zu sein, heißt für ihn, in Armut und Unsicherheit zu leben. Beate erfüllt die an sie gestellten familiären Erwartungen und beginnt, an der Kölner Uni Jura zu studieren. Damit tritt sie in die Fußstapfen ihres geliebten, für seine Souveränität und Haltung bewunderten Großvaters. Sie weiß inzwischen, wie schnell alles, was man für unabänderlich und ewig hält, verschwinden kann, und will solchen Prozessen nicht ohnmächtig ausgeliefert sein. Sie will sie mitgestalten. Sie will „juristisches Denken lernen", strukturiertes, logisches und systematisches, damit sie ihre Ziele konsequent und planvoll Schritt für Schritt umsetzen kann. Und diese Ziele ergeben sich direkt aus ihren Erfahrungen mit Migration und Diskriminierung. Sie beschäftigt sich intensiv mit Fragen der Integration, Fragen der Zugehörigkeit oder eben Nicht-Zugehörigkeit. Ihr persönliches Trauma macht sie zum Nährboden ihrer beruflichen Ziele.

Nach Abschluss ihres Studium 1981 übernimmt sie ihren ersten Job im Bundesministerium für Bildung. Dann wechselt sie als Referentin für politische Konzeption, Strategien und Medien in das Amt der Integrationsbeauftragten der deutschen Bundesregierung. Jetzt kann sie das Thema Migration in größere Zusammenhänge stellen und mit anderen Bereichen wie Arbeitsmarkt, Wirtschaft, Bildung, Kultur vernetzen, was ihr wichtig ist. Sie gewinnt dabei schnell eine Mittlerrolle.

Und ihr Privatleben? Seit ihre Schwester, mit der sie sich in einer Art Wettbewerbsbeziehung sah, während ihrer Schwangerschaft gestorben ist, sind Kinder für sie keine Option mehr. Sie hat einige intensive Liebesbeziehungen, aber nur mit Männern, die entweder weit entfernt von ihr leben oder für sie nicht ganz zu haben sind. Sich auf jemanden voll einzulassen, sich ihm auszuliefern, womöglich dadurch ihre Freiheit zu verlieren und abhängig zu werden, kann sie sich nicht vorstellen. Dann heiratet sie aber doch; einen katholischen Priester, der laisiert wurde.

Beate ist von ihm fasziniert, von seinem unglaublichen Engagement, von seiner Energie. Als sie ihn kennenlernt, hat er in Deutschland eine nicht-klinische Psychiatrie mit aufgebaut, im Rahmen einer großen Bewegung in den Achtzigerjahren, die die Tore der psychiatrischen Anstalten öffnen und für die PatientInnen ein Leben außerhalb der Anstaltsmauern schaffen soll: Wohngemeinschaften, Werkstätten. Er ist ein Pionier und Pioniere fand sie immer schon außergewöhnlich inspirierend und attraktiv. Doch die Ehe scheitert, als seine innovativen, spannenden Entwürfe in die Realisierungsphase kommen. Eine Umsetzung, für Beate Hauptanliegen und Anreiz ihrer Arbeit, hat ihn nie besonders interessiert. Den mit großem Aufwand gewonnenen UnterstützerInnen und SponsorInnen stellte er immer wieder neue, bessere Ideen vor, bis auch die Letzten genervt wegblieben. Der Ehekonflikt von damals regt Beate bis heute auf. „Pioniere sind unentbehrlich und wunderbar, aber sie sollten auch umsetzen können. Ich bin und bleibe eine Umsetzerin."

Als Macherin bekommt Beate Ende der Neunzigerjahre ein lohnendes Betätigungsfeld. Sie bewirbt sich in einer europaweiten Ausschreibung für die Leitung einer EU-Agentur mit Sitz in Wien und Mandat für die gesamte EU, die die Entwicklung von Rassismus und Fremdenfeindlichkeit und damit das Einhalten der Grundrechte in der EU beobachtet und dazu entsprechende Kerndaten sammelt, mit dem Ziel, für die EU ein Frühwarnsystem zu etablieren. Beate gewinnt diese Ausschreibung und wird erste weibliche Direktorin einer EU-Agentur überhaupt. 1998 zieht sie nach Wien um.
Der Haken ist nur: Die Agentur gibt es noch nicht. Sowohl die Infrastruktur wie auch die Netzwerke müssen erst geschaffen werden. Freunde macht sie sich dabei keine. Manche Länder verweigern die Unterstützung beim Aufbau der Instrumente, die einen relevanten Status erfassen könnten. Entsprechende Statistiken und Zahlen werden ihr oft nicht zur Verfügung gestellt oder existieren nicht. Das Prinzip hinter dem Widerstand: Das Sammeln von Daten schafft Probleme – und die will man nicht. Zum Thema Diskriminierung werden etwa in einem Jahr in Großbritannien 55.000 aktenkundi-

ge Vorfälle registriert, in Dänemark 55 und in Italien fünf. Das sagt zwar nichts über die tatsächliche Zahl der vorkommenden Straftaten in diesen Ländern aus, wohl aber etwas über die Haltung der Regierungen dazu. Die Bezeichnung der Agentur als „Europäische Stelle zur Beobachtung von Rassismus und Fremdenfeindlichkeit" wirkt für die meisten Länder auch nicht gerade vertrauensbildend. „Wer will schon beobachtet werden?", grinst Beate und erzählt von einer schrillen Schlagzeile, die mal in Dänemark über sie erschien: *Big Mother ist watching you*. Sie weiß aber auch, dass sie sich „zwischen allen Stühlen" positionieren muss, um differenziert und unbestechlich zu handeln. Das ist, sagt sie, unbequem, aber auch die wirksamste Platzierung. Nur so kann sie Kompromisse vermeiden, die ihre Ziele bis zur Unkenntlichkeit verwischen würden. „So ein Amt kann man nur ausüben, wenn man nicht an Wiederwahl denkt", ist sich Beate sicher.

Sie fängt im Juli 1998 an und steht von Anfang an unter Druck. Schon nach drei Wochen wird sie gefragt, wann sie ihren Jahresbericht veröffentlichen könne. Zu diesem Zeitpunkt hat sie lediglich vier leere Räume in einem Souterrain vom Kanzleramt zur Verfügung gestellt bekommen und noch keine MitarbeiterInnen, langsam füllen sich die Räume. Doch sie kämpft von Anfang an mit Rückschlägen: Im Büro wird eingebrochen und Computer werden gestohlen, das Budget darf nur nach den komplizierten Regelungen der EU verwendet werden, noch immer fehlen die MitarbeiterInnen. Besonders brisant ist, dass zur gleichen Zeit Österreich in der EU wegen der Regierungsbeteiligung der FPÖ unter Jörg Haider am Pranger steht. Dies rückt die Agentur und sie selbst ins Zentrum internationaler Spannungen. Später sagt sie auf die Frage nach ihren größten Schwierigkeiten: „Ich habe eine Agentur der EU aufgebaut, die keiner richtig wollte. Und ich habe mich geweigert, das wahrzunehmen."
Beate erzählt mit viel Humor von ihrer Aufbauarbeit; ihr Team wächst rasch auf 70 Personen allein in Wien an. Sie erzählt von ihren Kämpfen und den Strategien, die sie anwenden muss, um sich durchzusetzen. Und sie schwärmt von ihrem damaligen hochkarätig be-

setzten Aufsichtsrat; mit unabhängigen, bekannten Persönlichkeiten aus allen EU-Mitgliedstaaten wie Joachim Gauck, dem späteren deutschen Bundespräsidenten, Guy Braibant, Anton Pelinka, Ed van Thijn und auch Helmut Strobl, dem Grazer Kulturstadtrat, der Graz zur europäischen Kulturhauptstadt machte: „Ein richtiger Thinktank war das, mit inspirierendem Austausch und intensiven Auseinandersetzungen, ohne die nichts Innovatives entstehen kann." Gleichzeitig ärgert sie sich enorm über die lähmenden EU-Strukturen, über Regeln und Verfahren, die – für alle EU-Organisationen, unabhängig von ihrer Größe, gleich verpflichtend – die üblichen Abläufe oft unnötig monströs aufblasen. Sie leidet unter Intrigen, die auf dem Nährboden der unterschiedlichen nationalen Auffassungen, Traditionen und Verletzbarkeiten besonders gut gedeihen und gern als Waffe eingesetzt werden, was sie, ungeübt im politischen Grabenkampf, lange gar nicht bemerkt. „Das war vielleicht auch gut so", sagt sie „dadurch konnte ich letztlich mehr durchsetzen."

„Ein Albtraum ... und gleichzeitig eine große Erfüllung" – so beschreibt sie ihre Jahre in der Agentur. Die Erfüllung überwiegt. Und das ist spürbar in all ihren Aktionen als Agenturchefin. Sie erinnert sich am liebsten an die kleinen, kreativen. Wie 2006, als sie zusammen mit Doudou Diène, dem damaligen UN-Sonderberichterstatter, im Vorfeld der Fußballweltmeisterschaft der FIFA vorschlägt, dass die Mannschaftskapitäne in den Viertel- und Halbfinalen jeweils ein öffentliches Statement gegen Rassismus abgeben. Die FIFA macht mit; Beate wird von Sepp Blatter als Ehrengast nach Zürich zu einer großen Werbekampagne mit Fußballstars eingeladen, es ist das erste live erlebte Fußballspiel ihres Lebens. Sie hört dort, im überfüllten Stadion, von multikulturellen Mannschaften vorgetragen, ihre Texte. Endorphine fluten ihren Körper.

Oder vorher, Millennium 2000; ihr Aufruf an alle 15 damaligen Staatsoberhäupter der EU. Sie wendet sich an sie alle, an die Queen, an den schwedischen König, an den deutschen Bundespräsidenten, und bittet sie, in ihren Reden zum Millennium die Themen Rassismus und Fremdenfeindlichkeit aufzugreifen. Nach abenteuerlichen Wegen durch Labyrinthe des Protokolls sagen schließlich zwölf Staatsoberhäupter zu – und machen es. Das wertet sie als einen kleinen Erfolg, der ihr Team enorm motiviert und das Image der Agentur stärkt. Sie meint, oft kann man mit kleinen Mitteln mehr erreichen als mit großen Kampagnen.

Heute ist die *Grundrechte Agentur*, wie sie seit 2007 heißt, unumstritten positioniert. Als Headquarter eines dichten europäischen Netzwerks mit 28 Zweigstellen in allen EU-Mitgliedstaaten, das sie aufgebaut hat, mit einem gut funktionierenden Frühwarnsystem, gibt sie der EU-Kommission seit Jahren wichtige Impulse für neue Gesetzgebungen und den Umgang mit Themen wie Diskriminierung, Datenschutz, Rechtssicherheit, Rassismus und Fremdenfeindlichkeit. Beate spricht darüber mit dem Stolz einer Mutter. Auch wenn ihr Kind jetzt allein laufen kann, nicht mehr von ihr abhängig ist und sie selbst in ganz anderen Bereichen agiert. Doch die Verbindung zu der Agentur und ihren NachfolgerInnen ist geblieben – und wird geschätzt.

Irgendwann Anfang 2010 wird Beate von einem guten Freund angerufen. Er hat gerade im *Tempel* auf der Praterstraße gegessen, einem angesagten Restaurant. Das Essen sei in Ordnung, aber die Bilder, die an den Wänden hängen, die hätten ihn richtig geärgert: platt und nichtssagend. Er habe mit dem Besitzer gesprochen, ihm erzählt, dass er eine gute Malerin kenne, und Beate möge diesen unbedingt anrufen, jetzt sofort, weil er sehr darauf erpicht sei, in seinem Lokal ihre Bilder auszustellen. Beate glaubt, ihr Freund nehme sie „auf die Schippe", sie hat zwar schon einige Bilder kreiert, denkt aber noch nicht an ihre Vermarktung, schon gar nicht in einem Restaurant. Doch der Freund ist sehr hartnäckig, er gibt nicht auf.
Einige Wochen später hängen Beates Bilder dann doch im *Tempel*. Das ist ihre erste Ausstellung. Die zweite findet am Grazer Flughafen statt. Sie bekommt viel Zuspruch, wird ermutigt, weiterzu-

machen. Ab da kümmert sich Beate selbst aktiv darum, ihre Bilder ausstellen zu können.
Parallel dazu nimmt sie ihre Autorentätigkeit wieder auf. Schon 1991 schreibt sie ein Buch, das damals für Aufregung sorgt: *Zukunftsangst Einwanderung*. Dieses Buch erfährt innerhalb kurzer Zeit drei Auflagen. 2015 erscheint dann *Unsere Chance. Mut, Handeln und Visionen in der Krise*. Als Motto dieses Buches zitiert sie Aristoteles: „Wir können den Wind nicht ändern, aber wir können die Segel richtig setzen." Sie sucht nach neuen Wegen, um nicht „in die Sackgassen hineinzutaumeln, aus denen es keine Auswege mehr gibt". Sie begreift Krise als Chance; die Zukunft bedarf „aufgeklärter, emotional berührter und engagierter MitdenkerInnen, und nicht durch Ratlosigkeit und Depression handlungsunfähig gemachter AkteurInnen". Sie schreibt weitere Bücher, ist viel in den Medien präsent. Ihre unnachgiebige Auseinandersetzung mit dem großen Thema Veränderungen initiiert gesellschaftspolitische Diskussionen, die sich auch in zahlreichen TV- und Radiosendungen spiegeln: BBC, ORF II und III, ZDF, Ö1, WDR, ARD. Man nennt sie „Pilotin für Chancenvielfalt".

Und schließlich findet das Thema auch Widerhall in ihrer Malerei. Bei Ausstellungen in Berlin und Warschau, wo sie 2017 und 2019 „Dialoglabore" gestaltet und begleitende Workshops für LehrerInnen und Kinder anbietet, erfährt sie großes Interesse der jungen Leute für den Prozess des Malens. Es geht ihnen aber nicht um Maltechniken, es sind schließlich keine KunststudentInnen. Nein, das weiße Blatt Papier mit Farben und Wasser wird für sie zu einem Labor, wo Mut und Risikobereitschaft untersucht, das eigene Potenzial ausgelotet werden kann. Wo man eine Chance hat, sofortige Konsequenzen des eigenen Handelns zu erleben. Wo man die Erfahrung der Entscheidungsfreiheit machen kann, sich in der Vielfalt der Möglichkeiten festlegen zu müssen. Dem Workshop folgt eine intensive Diskussion über Risiko und Sicherheit, Inspiration, Veränderung und Zukunft. Für Beate ist die Auseinandersetzung mit dem Auditorium eine intensive Inspirationsquelle, auch als Künstlerin.

Ihr Warschauer Erfolg spricht sich herum. Sie erhält immer mehr Angebote für Ausstellungen ihrer Bilder, verbunden mit Workshops und Diskussionen. Und endlich kann Beate die vielfältigen Aspekte ihrer Biografie verbinden. Sie entwickelt eine Balance zwischen dem spielerischen, malenden Kind und dem erfahrenen *political animal*, wie sie es nennt. Ihre Bilder werden immer anarchischer, ihre Gesprächsrunden schärfer und kontroverser. „Wir werden heute mit einem so tiefgreifenden Wandel konfrontiert wie noch nie", sagt sie. „Mit Veränderungen, Umbrüchen auf allen Ebenen, gleichzeitig: Klimawandel, Digitalisierung, Globalisierung, Migration – um nur Beispiele zu nennen –, dazu noch die Coronapandemie. Viele wollen das nicht wahrhaben, weil es unserem Sicherheitsbedürfnis widerspricht, aber wir müssen uns dazu verhalten, jeder von uns." Beate spricht über die immer weiter fortschreitende Polarisierung der Gesellschaft als demokratiebedrohende Entwicklung. Ganze Bevölkerungsgruppen werden ausgegrenzt, mit der fatalen Folge, dass Andersdenkende unter sich in ihren Blasen bleiben und ihre geschlossenen Weltbilder und Weltanschauungen sich verfestigen. „Wir brauchen ein neues WIR", ist sie sich sicher. Diesen Ansatz unterstützt sie auch durch die Mitarbeit an der Initiative *Digitalisierung chancengerecht*, die Doris Schmidauer zusammen mit Marlies Lenglachner, Sabine Köszegi, Martina Mara und ihr im Juni 2021 gegründet hat. Die Initiative setzt sich dafür ein, dass es inmitten der rasant fortschreitenden Digitalisierung der Gesellschaft chancengerecht zugeht, Mädchen und Frauen nicht abgehängt werden, sondern mitgestalten.

Sie ist überzeugt, dass auf die Fragen von heute nicht einfach nur Antworten von gestern kopiert werden können; sie müssen komplett neu gedacht werden. Sie zitiert Pablo Picasso: „Ich suche nicht, ich finde. Suchen, das ist das Ausgehen von alten Beständen und ein Findenwollen von bereits Bekanntem." Er will das völlig Neue, Unbekannte.

Und da wird wieder die Kunst relevant „Sie ist eine unterschätzte Ressource, auch beim gesellschaftlichen Wandel", ist Beate überzeugt. Kunst ermöglicht Perspektivenwechsel und Kreativität, schafft Freiraum und eröffnet Möglichkeitsräume. Beate will durch ihre Kunst und damit verbundene Ausstellungsprojekte und Dialoge zum Entstehen des neuen WIR beitragen, weil „wir die Anforderungen unserer Zeit nur gemeinsam bewältigen können". Das ist auch das zentrale Thema in ihrer Ausstellung *Transforming*, die im Dezember in Temeswar, Rumänien, als Teil des Projekts *#newTogether* eröffnet wird. Temeswar wird 2023 europäische Kulturhauptstadt, Beates Ausstellungen sind Teil des Programms.

Mag sein, dass Beate eine Träumerin ist, eine unverbesserliche Optimistin, die zu wenig mögliche Hindernisse und Probleme in ihre Überlegungen einbezieht. Aber vielleicht hat sie auch nur so realistische Chancen, wirklich etwas zu verändern. Beate denkt schon an ein Atelier im Metaverse, dem kollektiven virtuellen Raum, das sie mit ihren Bildern als NFTs (*non-fungible-tokens*, nicht austauschbare Wertmarken) ausstattet. Sie setzt ihre Segel neu: Wie kann sie Kunst in der digitalen Welt neu aufblühen lassen? Ideen dazu hat sie.

DIE 13 FRAUEN

Brigitte Bierlein

Österreichische Juristin, Verfassungsrichterin und parteilose Politikerin, Kanzlerin der Übergangsregierung 2019–2020

1949 in Wien geboren, schließt sie in Mindestzeit ihr Jusstudium mit Promotion ab und sammelt fundierte Erfahrungen in unterschiedlichen juristischen Bereichen. Als Juristin ist sie im Staatsdienst in Wien tätig und wird schließlich Präsidentin des Verfassungsgerichtshofes.
Nach der Ibiza-Affäre und dem darauffolgenden Misstrauensantrag gegen die Regierung im Nationalrat wird sie vom Bundespräsidenten beauftragt, als Kanzlerin eine Übergangsregierung mit parteilosen Experten und Expertinnen zu bilden. So wird sie zur ersten österreichischen Bundeskanzlerin, die bis zur Nationalratswahl 2019 das Ziel verfolgt, ihr Land „nach den Turbulenzen wieder in ruhiges Fahrwasser zu bringen und das Vertrauen der Menschen in die Politik und den demokratischen Rechtsstaat zu stärken".

Alma Deutscher

Junge britisch-israelische Wahl-Wienerin, Komponistin klassischer Musik, Pianistin, Geigerin. Von der Presse oft als „Mozart-Schwester" bezeichnet.

Geboren 2005 in Basingstoke, fängt sie mit drei Jahren an, Geige zu spielen, mit sechs komponiert sie ihre erste Klaviersonate, mit sieben schreibt sie ihre erste Oper *The Sweeper of Dreams*. Mit zehn

Jahren vollendet sie ihre erste abendfüllende Oper *Cinderella*, die in der Kammervariante für 20 MusikerInnen 2016 im Wiener Casino Baumgarten ihre europäische Premiere feiert. 2017 findet in der Opera San José in Kalifornien die reorchestrierte US-Premiere von *Cinderella* für 44 MusikerInnen statt, danach folgt eine Fassung für Kinder an der Wiener Staatsoper. Im Alter von zwölf Jahren vollendet Alma ihr erstes Klavierkonzert, ab da arbeitet sie mit großen, international renommierten Orchestern wie dem Israel Philharmonic Orchestra, dem Welsh National Opera Orchestra, dem Londoner Royal Philharmonic Orchestra oder dem Wiener Kammerorchester.

Barbara Imhof

Weltraumarchitektin, Mitgründerin und Geschäftsführerin der internationalen Forschungsplattform *LIQUIFER Systems Group*, die sich auf die Entwicklung von Designs für Behausungen bei Weltraummissionen spezialisiert hat, mit zahlreichen Projekten für die NASA und der Agentur für Luft- und Raumfahrt (ALR).

Schon als Zehnjährige entschließt sich das 1969 in Wien geborene Mädchen, eines Tages Häuser zu bauen. Sie studiert Architektur in Wien, London und L. A., macht ihren Master an der International Space University in Straßburg. Im Zuge eines Aufenthalts am Johnson Space Center der NASA wird ihr bewusst, dass Forschungen für den Weltraum etwa wegen der Ressourcenknappheit immer relevanter für die Erde werden. Sie entwirft Häuser für Mond und Mars, Arbeitsräume im All, die AstronautInnen auch Raum für Privates und Freizeit lassen, und arbeitet an Lösungswegen für eine nachhaltige, lebenswerte Zukunft. Aktuell plant sie die Mitgestaltung einer internationalen Raumstation, die die Nachfolgerin der ISS werden soll.

Lotte Ingrisch

Schwarzhumorige, vielfach ausgezeichnete österreichische Schriftstellerin. Sie ist die Witwe des Komponisten Gottfried von Einem († 1996). Bekannt wurde sie durch Prosa, Sachbücher, skurrile Theaterstücke und Fernsehspiele.

Als Kriegskind 1930 in Wien geboren, bricht sie mit 15 die Schule im Klostergymnasium in Zwettl ab und kehrt in das ausgebombte Wien zurück. Sie jobbt als Dienstmädchen und studiert in der Nationalbibliothek die Werke wichtiger Philosophen. Dort lernt sie als Siebzehnjährige ihren ersten Mann kennen, der kurz nach der Hochzeit sein gesamtes Vermögen verliert, sie muss daraufhin rund um die Uhr in seinem Stoffgeschäft arbeiten. Um sich in der patriarchalischen Gesellschaft als Frau zu behaupten, schreibt sie nachts ihren ersten Roman. Die Liebe ihres Lebens – Gottfried von Einem – trifft sie erst 16 Jahre später. Lotte interessiert sich für Quantenphysik und die Entwicklungen der modernen Technologie, für das Leben im Jenseits. Um den Menschen die Angst vor dem Tod zu nehmen, gründet sie eine „Schule der Unsterblichkeit". 2002 wird sie mit dem Österreichischen Ehrenkreuz für Wissenschaft und Kunst 1. Klasse geehrt.

Alexandra Maixner

Niederösterreichische Gynäkologin und Sportärztin, mehrfache Weltmeisterin im Ultratriathlon, Kabarettistin, Autorin

1971 im niederösterreichischen Schrems geboren. Nach Medizinstudium, Facharztausbildung und einem Jahr im UN-Auslandsdienst kehrt sie in ihren Heimatort zurück und eröffnet eine gynäkologische Praxis. Sie hält einfühlsamen und humorvollen Vorträge für Frauen, die bald überregional bekannt und beliebt sind, sie macht

daraus ein Kabarettprogramm und schreibt Bücher. Mit 30 entdeckt sie das Laufen und nimmt an ihrem ersten Marathon teil.
Daraus werden im Lauf der Jahre fünf Weltrekorde in Triathlon-Bewerben. 2016 schreibt sie beim Swissultra Sportgeschichte, als sie die 20-fache Ultratriathlon-Distanz meistert. Als erste Österreicherin absolviert sie das *Race Across America* und das *Race Across Australia*. Sie gründet in Schrems ein medizinisches Sportzentrum und betreut als Ärztin und Sportcoach Patientinnen und Patienten.

Adele Neuhauser

Österreichische Theaterschauspielerin und TV-Star, bekannt unter anderem als Julie Zirbner in der ORF-Serie *Vier Frauen und ein Todesfall* und als Bibi Fellner im Wiener *Tatort*.

Sie kommt in Athen zur Welt und fährt oft mit ihrem Vater auf die Kykladen. Die Familie folgt wenige Jahre nach Adeles Geburt ihrer Mutter, die es zurück in deren Heimat zieht, in das damals graue, kalte Wien. Als sie neun Jahre alt ist, trennen sich ihre Eltern, sie bleibt beim Vater, kämpft wiederholt gegen Depressionen, sucht intensiv nach ihrer Identität. Sie absolviert die Schauspielschule Krauss in Wien, spielt auf diversen deutschen Bühnen und feiert als Mephisto oder Medea Erfolge. Als Bäuerin Julie Zirbner in der österreichischen TV-Landkrimiserie *Vier Frauen und ein Todesfall* gelingt ihr der endgültige Durchbruch als TV-Schauspielerin. Mit ihrem Sohn, dem Jazzmusiker und Filmkomponisten Julian Pajzs, tritt sie gemeinsam in Literatur- und Musik-Produktionen auf.

Esra Özmen

Österreichische Rapperin mit türkischen Wurzeln, Performerin, Songwriterin, Absolventin der Akademie der bildenden Künste, eröffnet 2018 und 2019 die Wiener Festwochen. 2017 erhält sie den Österreichischen Frauenring-Preis für ihren künstlerischen Einsatz gegen Diskriminierung und Marginalisierung.

Als Tochter eines türkischen Gastarbeiters wächst die 1991 in Ottakring geborene Esra in einem rein türkischen Milieu auf, auch in der Schule sprechen nur wenige SchülerInnen Deutsch – österreichische Kinder sind dort eine Seltenheit. Mit 16 beginnt sie, in einem Straßenslang aus Türkisch und Deutsch Gedichte zu schreiben, die später zu Raptexten werden, und begeistert sich für „die Macht der Sprache". Schnell wird sie zusammen mit ihrem Bruder Enes als EsRAP zur lokalen Berühmtheit in ihrem Bezirk, dann darüber hinaus in Wien und mittlerweile auch international. Auch nach dem Schulabschluss beschäftigt sie sich intensiv mit Migration und Integration. Ihre Popularität nutzt sie dafür, sich als Sprachrohr für ihre türkischen Community einzusetzen.

Helga Rabl-Stadler

Österreichische Politikerin, Journalistin, Unternehmerin, Präsidentin der Wirtschaftskammer Salzburg, von 1995 bis 2021 Präsidentin der Salzburger Festspiele

Die Mutter der 1948 geborenen Salzburgerin hat das größte Modehaus in Westösterreich aufgebaut, das sie später – zunächst widerwillig – übernimmt. Sie studiert Jus und Publizistik, ist dann als Journalistin bei der Wiener Tageszeitung *Kurier* für innenpolitische Themen verantwortlich. Nach ihrer Rückkehr nach Salzburg und der Übernahme des Modehauses wird sie schließlich Präsidentin der Wirtschaftskammer. Für die Österreichische Volkspartei vertritt sie ihren Bezirk als Nationalratsabgeordnete. Sie legt alle Funktionen zurück, als sie zur Präsidentin der Salzburger Festspiele bestellt wird. Größte internationale Anerkennung brachte ihr das Husarenstück ein, durch ein ausgeklügeltes und erfolgreiches Sicherheitskonzept während der Coronapandemie 2020 und 2021 die Salzburger Festspiele als einziges internationales Festival über die Bühne gehen zu lassen.

Shalini Randeria

In Wien lebende indische Sozialanthropologin, neu gewählte Rektorin der Central European University, Professorin am Graduierteninstitut für Internationale Entwicklungsstudien in Genf, begehrte Vortragende an international renommierten Universitäten und Instituten, Anwältin des globalen Patentrechts.

Ihr Leben wird von Anfang an stark von ihrer Familiengeschichte geprägt: Die Eltern waren in der indischen Unabhängigkeitsbewegung aktiv, ihr Großvater hat die indische Verfassung mitgestaltet und ihre Urgroßmutter gründete die ersten Schulen für „unberührbare Mädchen" in Kalkutta. Sie studiert in Delhi, Oxford und Heidelberg, für ihre Doktorarbeit recherchiert sie intensiv in den Dörfern der Unberührbaren – der niedrigsten Kaste Indiens –, mit denen sie ein Jahr lang zusammenlebt.
Ihre berufliche Laufbahn führt sie an mehrere europäische Universitäten und Forschungsinstitute – darunter Berlin, München, Budapest, Paris, Zürich und als Gastprofessorin auch nach Wien, wo sie später das Institut für die Wissenschaften vom Menschen leitet. Ihre Forschungsprojekte zu Patentrechten sorgen für globale Aufmerksamkeit.

Marie Ringler

Vizepräsidentin des Europäischen Forum Alpach und Europachefin von *Ashoka*, einer weltweiten Organisation zur Förderung von Social Entrepreneurs, die versuchen, mit innovativen Konzepten gesellschaftliche Probleme zu lösen.

1975 in Wien geboren, wird ihr früh die Geschichte ihrer jüdisch-kommunistischen Großeltern mütterlicherseits im Widerstandskampf während des Zweiten Weltkriegs erzählt. Da entsteht ihre Lebensmission, der Gesellschaft das zurückzugeben, was sie selbst als junger Mensch bekommen hat. Sie studiert in Wien Soziologie und Politikwissenschaft, engagiert sich am Institut für Neue Kulturtechnologien und tritt noch als Studentin in die Politik ein. Von 2001 bis 2010 ist sie Kultur- und Technologiesprecherin der Grünen. Dann entscheidet sie sich, die Politik zu verlassen, weil für sie die Wettbewerbsmechanismen in der (Partei-)Politik menschenfeindlich sind. 2011 wird sie Geschäftsführerin von *Ashoka*, zuerst für Österreich, dann für Europa, und unterstützt dort junge SozialunternehmerInnen dabei, ihre kreativen Ideen umzusetzen.

Katja Schechtner

Mobilitäts- und Urbanitätsforscherin mit Forschungsprojekten am Wiener AIT (Austrian Institute of Technology and Innovation), bei der Asian Development Bank in Manila und am US-amerikanischen MIT. Sie ist Beraterin des OECD für Technologie und Innovation, Gastprofessorin an der TU Wien und zuletzt auch stellvertretende Aufsichtsratsvorsitzenden des AIT.

Sie besucht ein Kloster-Mädchengymnasium und tritt mit 13 einem Computerclub bei, wo sie auf dem Commodore 64 programmieren lernt. Sie studiert Architektur in Wien, dann in Paris und schafft es schließlich, eine der überaus begehrten Praktikumstellen an der Columbia University in New York City zu ergattern. Später leitet sie in Wien die Forschungsgruppe *Dynamic Transportation Systems* am AIT, die sich unter anderem damit beschäftigt, wie die Massen der Fußballfans während der Europameisterschaft 2008 unbeschadet mit der U-Bahn zum Wiener Praterstadion und zurück kommen. Sie verbindet in ihrer Arbeit städtebauliche, psychologische und technologisch-digitale Methoden und setzt sie für ihre zahlreichen *Smart City*-Projekte in Manila oder in Pakistan ein.

Edit Schlaffer

In Wien lebende Sozialwissenschaftlerin und Feministin, Gründerin der internationalen Organisationen *Frauen ohne Grenzen*, SAVE und der *MotherSchools*. Zahlreiche Auszeichnungen, zuletzt Europäerin des Jahres (*Reader's Digest* 2018).

1950 in Stegersbach geboren, inskribiert sie Soziologie und Publizistik an der Universität Wien und landet mitten in der Studentenbewegung. Da die männlichen Protagonisten der revolutionären 68er sich im Umgang mit Frauen eher an den weiter vorherrschenden patriarchalen Wertvorstellungen orientieren, engagiert sie sich in der Frauenbewegung. Später beschäftigt sie sich intensiv mit der Lebenssituation von Frauen in der Dritten Welt, arbeitet viele Jahre mit Flüchtlingen aus Bosnien und Afghanistan. 2008 gründet sie SAVE (*Sisters Against Violent Extremism*), die erste globale Anti-Terror-Plattform, die Frauen aus verschiedenen Ländern im Kampf gegen den gewalttätigen Extremismus zusammenführt. Die Idee zu den *Mütterschulen* hat sie 2012 in Tadschikistan, inzwischen gibt es 14 davon auf der ganzen Welt.

Beate Winkler

Menschenrechtlerin, die erste Frau an der Spitze einer Agentur der Europäischen Union mit Sitz in Wien, spätberufene Künstlerin

Ihre Kindheit in der Nachkriegszeit in Dresden beschreibt sie als Idylle in einer total zerstörten, traumatisierten Stadt. Als sie acht Jahre alt ist, flieht ihre Familie nach Köln und sie rutscht in die Rolle eines ungewollten Flüchtlingskindes, was ihr weiteres Leben entscheidend prägt.

Schon während ihres Jusstudiums engagiert sie sich für Menschenrechte, sie wird später zur Assistentin der Ausländerbeauftragten der Deutschen Bundesregierung. 1998 wird sie in Wien mit dem Aufbau und der Leitung der neu gegründeten Europäischen Stelle zur Beobachtung von Rassismus betraut, die sie zur EU-Agentur für Grundrechte ausbaut. Dann entscheidet sie sich für „den größten Umbruch ihres Lebens“: Sie verlässt die Politik und beginnt zu malen. Bald folgen internationale Ausstellungen.

NACHWORT

Wann immer ich jemandem aus meinem Bekanntenkreis von diesem Buchprojekt erzählte und welche Frauen ich darin porträtieren wollte, kam als Antwort fast ohne Ausnahme die Bemerkung: „Toll, interessante Frauen, aber warum interviewst du nicht auch xyz? Die hat doch auch so interessante Sachen in ihrem Leben gemacht!"

Absolut richtig! Es gibt eine große Anzahl spannender Frauen aller Altersgruppen mit äußerst ungewöhnlichen Biografien in Österreich. Die breite Öffentlichkeit erfährt oft wenig von ihnen. Vor meiner Recherche für dieses Buch konnte ich mir nicht vorstellen, was zum Beispiel eine Weltraumarchitektin oder eine Mobilitätsforscherin beschäftigt oder was eine Juristin antreiben muss, um bis ins Bundeskanzleramt zu kommen. Vorher hatte ich auch noch nie etwas vom Metaverse, von NFTs, schwimmenden Städten und *Smart Citys* gehört, vom Nervensystem der Pflanzen und dem digitalen Signaltransport in unserem analogen Körper.

In meiner Blase als langjährige Theaterintendantin wurde ich mit solchen Biografien einfach nicht konfrontiert. Und schlimmer noch, ich suchte auch nicht danach. Durch die Beschäftigung mit diesen unterschiedlichsten Lebenswegen und deren Gemeinsamkeiten habe ich jetzt so manche bereichernde Erfahrung gewonnen, ohne dafür Jahrzehnte aufgebracht haben zu müssen, und von den meist trotz großer Widerstände gewonnenen Einsichten dieser 13 dargestellten Frauen profitiert.

Die Coronasituation mit den zahllosen Lockdowns der letzten zwei Jahre hat es uns noch leichter gemacht, uns vor uns selbst zu erklären und damit zu entschuldigen, welche Hindernisse und Widerstände uns daran gehindert haben, aus unseren Blasen, unseren Alltagsroutinen auszusteigen und unsere Pläne, Ziele und Träume anzupacken. Wenn Sie als Leserin oder Leser bis hier zum Nachwort gekommen sind, gilt diese Entschuldigung nicht mehr.

Dieses Buch soll in allererster Linie unterhalten, aber auch Respekt für die Porträtierten wecken, die diese ungewöhnlichen, anstrengenden und erfolgreichen Lebenswege beschritten haben, und nicht zuletzt soll es alle Leserinnen und Leser motivieren.

Anna Badora

DANKSAGUNG

Ich danke den porträtierten Frauen, die mir in langen Interviews teils doch recht persönliche Einblicke in ihr Leben gewährt haben, für ihr Vertrauen.
Hervorheben möchte ich dabei Beate Winkler, die mich über ihr Interview hinaus bei der Entstehung dieses Buches unterstützend begleitet hat.
Mein besonderer Dank gilt Brigitte Sinhuber-Harenberg, die mich ermutigt hat, dieses Projekt anzupacken und auch zu Ende zu führen, und mir auf dieser Strecke mit professionellem Rat immer zur Seite stand.
Da einige der Porträts auch naturwissenschaftliche Themen streifen, habe ich mich der professionellen Unterstützung des habilitierten Biophysikers und Hirnforschers Thomas Finkenstädt versichert. Ich danke ihm sehr für seine geduldigen Erklärungen.
Mein Dank gilt auch den Juristen Manfred Matzka und Wolfgang Riedler, die mir mit notwendigen juristischen Crashkursen zur Seite standen.